지선씨네마인드

지선 씨네 마인드

박지선 외 지음

범죄심리학자
박지선 교수와 함께하는
본격 무비 프로파일링

Oldboy

The Silence Of The Lambs

추격자

Whiplash

Silver Linings Playbook

타짜

Burning

밀양

Seven Days

. . .

위즈덤하우스

범죄심리학자가
영화를 분석한다는 것

　범죄심리학자는 범죄자의 말과 행동을 통해 범죄 사건을 재구성하고, 범죄자의 동기를 파악하며 심리를 분석하는 일을 하는 사람이다. 범죄심리학자가 영화를 분석하는 일이 일견 의아하게 느껴질 수는 있다. 그러나 범죄 분석이라는 과정에서 범죄심리학자가 궁극적으로 추구하는 것은, 사람을 더 잘 이해하고 사람들의 행동을 보다 정확하게 설명하고 예측하려 노력하는 일이다.

　영화 속 장면에서 사람들의 대화와 표정, 행동은 실제 우리 삶의 인간관계를 비추는 거울이다. 또한 영화 속 배경과 사건이 펼쳐지는 상황적 맥락은 우리가 살아가고 있는 사회적 환경을 반영한다. 영화 속에서 범죄와 사람들을 둘러싼 시선에 대한 묘사와 그 안에 숨어 있는 분노, 증오, 편견은 실제 우리 사회에서 범죄를 바라보는 편향된 시선에 대해 다시 생각해 볼 기회를 준다.

결국 우리는 영화를 통해서, 영화 속 범죄를 통해서, 사람을 본다. 그 모든 것은 사람에 대한 이해로부터 시작되며, 이 책은 우리의 삶을 그려낸 다양한 영화들을 통해 궁극적으로 사람에 대한 이해에 더욱 가까이 다가가고자 한다.

2022년 11월
숙명여대 사회심리학과 교수
박지선

차례

1장

그는 살인 전에
왜 거울을 보았을까?

〈추격자〉

Jisun Cinemind

추격자

(The Chaser, 2008)

출장 안마소를 운영하는 전직 형사 엄중호가 업소 여성들이 사라진 일을 계기로 연쇄 살인마 지영민을 추적하는 과정을 그리고 있다. 하정우의 사이코패스 살인마 연기가 화제가 되는 등 개봉 당시 센세이션을 일으켰다. 현재까지 웰메이드 스릴러 영화로 꼽히고 있으며, 대중성과 작품성을 동시에 지닌 한국형 범죄 스릴러의 새 지평을 열었다고 평가받는 영화다. 나홍진 감독의 데뷔작이다.

장르	범죄, 스릴러, 액션
감독	나홍진
각본	나홍진
등장인물	엄중호 역 : 김윤석 지영민 역 : 하정우 김미진 역 : 서영희

우리나라 영화에 나온 전화번호 가운데 가장 유명한 것을 꼽으라면 아무래도 4885가 아닐까요? "야, 4885. 너지?"라는 한 마디에 전율을 느꼈던 순간을 기억하시는 분들이 많을 거예요. 이번에 함께 살펴볼 영화는 바로 이 대사로 유명한, 연쇄 살인범과 전직 형사 사이의 쫓고 쫓기는 추격전을 긴박감 넘치게 그려낸 영화 〈추격자〉입니다.

이 영화가 개봉된 해는 2008년이었죠. 당시 전 범죄심리학을 공부하고 있는 학생이었어요. 시간이 흘러 범죄심리학 교수가 된 뒤에 영화를 다시 보니 비로소 보이는 것들이 있더라고요. 많은 분이 〈추격자〉의 명장면으로 심리분석관과 범인 간의 치열한 심리전을 꼽으실 텐데 저 역시 손에 땀을 쥐면서 봤더랬습니다. 심리분석관이 어떻게 범죄자의 본질과 심리를 파악해 자백을 이끌어내는지, 그 과정을 따라가듯 장면들을 감상해볼게요.

아무도 찾지 않을 사람

S#1. 화장실
손발이 묶인 채 화장실에 감금된 미진. 문이 열리고 지영민
이 들어선다.

화장실 안으로 터벅터벅 걸어 들어오는 지영민의 손에는 범
행 도구가 담긴 상자가 들려 있습니다. 그리고 지영민의 눈길
은 미진이 아닌 정면의 거울을 향하죠. 〈그것이 알고싶다〉나
〈궁금한 이야기 Y〉 애청자인 분들에게는 익숙한 장면일 거예
요. 실제 범죄자의 모습이 찍힌 엘리베이터 CCTV 화면에서 자
주 볼 수 있는 모습이기 때문입니다.
　생각해 보면 너무나 무심한 행동이죠. 누군가를 해치기 전이
라고는 상상조차 할 수 없는 일상의 광경 중 하나입니다. 사람
을 공격하는 일이 범죄자들에게, 그리고 지영민에겐 그만큼 익
숙한 일이라는 의미겠죠. 피해자가 엎드려 울부짖든 말든 관심
밖입니다. 이 점을 고려할 때 지영민이 피해자를 "미진이"라고
그 이름을 부른 것은 개연성이 떨어지는 장면이에요. 실제 범
죄자였다면 피해자의 이름을 부르지 않았을 것이기 때문인데
요. 이름조차 모를 테니까요. 지영민에게 피해자는 사람, 인격

체가 아닙니다. 이름 따위는 굳이 기억할 만한 것이 못 되죠.

이 장면에서 지영민의 모습이 더욱 섬뜩하게 느껴지는 이유는, 이전까지의 지영민이 그저 평범한 동네 청년이었기 때문일 겁니다. 지영민은 미진 앞에서 살인범으로서의 본색을 처음 드러내죠. 그는 미진에게 왜 본인이 살아야 하는지 말해 보라고 요구합니다. 미진이 딸이 있다며 살려 달라고 애원하자 지영민은 이렇게 말합니다.

사람들은 네가 없어져도 모를 거야. 당연히 찾는 사람도 없을 거고.

우리가 쓰는 단어와 표현은 나를 보여 주는 거울이 되기도 해요. 여러분의 일상을 한번 떠올려 볼까요? 어느 날 아침에 일어나서 '내가 없어져도 아무도 모르겠지'라고 생각해 본 적이 있었나요? 무섭고도 외로운 표현이 아닐 수 없는데요. 이런 생각을 하고 말을 하는 사람이 많지는 않을 거예요. 이런 말을 한다는 건 존재감에 대한 고민을 갖고 있다는 걸 보여 주기도 합니다.

이와 같은 고민을 한 실제 범죄자가 있습니다. 2000년에 발생한 미성년자 강간 살인 사건의 범인 김해선인데요. 한 피해자에게 "다음에 태어나면 좋은 아버지 밑에서 살아라"라는 말을 남겼습니다. 피해자는 범인이 아는 사람이 아니었어요. 피해자와 그의 아버지 사이를 몰랐을 텐데 왜 뜬금없는 이야기를 한 걸까요? 좋은 아버지 밑에서 살지 못한 사람은 김해선 본인이었습니다. 가정 폭력에 시달리며 자랐다고 해요. 피해자에게 한 말의 속뜻은 '나쁜 아버지 밑에서 자란 탓에 내가 범죄자가 됐고, 그래서 네가 피해를 입는 거다'라고도 볼 수 있어요. 피해자가 아닌 스스로를 향한 말이었죠.

지영민 역시 오랫동안 자신의 존재감에 대한 고민을 했습니다. 큰 열등의식에 사로잡힌 상태인데요. 존재감을 느낄 수 있는 유일한 방법이 본인보다 약한 사람을 해치는 일인 것이죠. '사람들은 네가 없어져도 모를 거야'라는 말이 미진이 아닌 지영민 자신에게 하는 말이라는 걸 염두에 두고 보시면 지영민의 또 다른 면들을 발견할 수 있을 거예요.

열등의식이 불러온 비뚤어진 과시욕

S#2. 지구대
엄중호에게 덜미가 잡힌 지영민. 지구대로 잡혀 와 조사를 받는데…….

전직 형사 엄중호는 출장 안마소를 운영합니다. 고용된 여성들이 하나둘 사라지자 처음에는 도망쳤다고 생각했지만, 인신매매가 의심되는 정황을 발견해 사건의 뒤를 캐기 시작하죠. 자취를 감춘 여성들이 남긴 흔적들을 쫓은 끝에 엄중호는 지영민과 마주합니다. 골목길 한가운데에 차를 세워 둔 채 추격전을 벌이는 바람에 두 사람은 경찰서에서 조사를 받게 돼요. 엄중호는 지영민이 아가씨들을 어딘가에 팔아넘겼다는 내용으로 진술서를 작성하죠. 그리고 경찰관과 지영민의 간결하고도 충격적인 문답이 이어집니다.

- 아가씨들 팔았죠?
- 안 팔았어요, 죽였어요.

경찰관도 엄중호도 관객들도 예상치 못한 답변이었죠. 작중의 누구도 지영민이 살인범이라고 의심하지 않는 상황이었으니까요. 왜 갑자기 자백했을까요?

2000년대 초, 서울 서남부 일대 주민들을 공포에 떨게 만든 연쇄 살인범 정남규가 직접 쓴 편지 속의 한 문장을 잠깐 살펴보겠습니다.

그는 "저는 도합 13명을 살해하고 20명에게 중상을 입혔습니다"라고 적었어요. 자신의 범행 횟수를 이야기하면서 '도합' 이라는 단어와 함께 '13명'이라는 구체적 숫자를 사용했습니다. 또한 사망한 사람과 사망하지 않은 사람을 구분했어요. 피해자의 수와 범행의 수준을 정확히 기억하고 있는 것이죠. 자신의 죄를 돌아보고 반성하려 했을까요? 그렇지 않습니다. 정남규는 이 편지를 쓸 당시 감옥에 갇혀 더 이상 범행을 저지를 수 없는 처지였어요. 지난 범행을 과시하는 방법으로나마 존재감을 드러내려 했던 것이죠.

지영민에게도 살인은 자랑하고 싶은 '업적'이었습니다. 묻지도 않았는데 살인 행위를 고백한 이유죠. 위험한 말이라는 사실은 알고 있었을 거예요. 다만 사람을 죽였다고 말하는 순간 자신에게 쏟아질 관심이 더 중요했을 뿐입니다. 앞서 지영민은 존재감에 대한 열등의식을 느낀다고 했었죠. 살인을 자랑하면서 자신에 대한 존재감을 드러내고 싶은 과시욕의 표출인 셈입니다.

세상에 없던 살인범

S#3. 경찰서
지구대에서 의미심장한 살인 자백을 한 지영민은 '마포 부녀자 살인 사건'의 용의자로 지목되어 경찰서에서 추가 조사를 받는다.

지영민의 DNA 샘플을 채취하러 감식반원이 찾아옵니다. 입을 벌려 달라는 요청에 지영민은 곧바로 입을 크게 벌려 주죠. 저항하려는 마음이 전혀 없어 보입니다. 수사에 협조적인 살인범이라니, 이상하다고 느끼지는 않으셨나요? 이 장면에서는 감식반원의 대사를 들여다볼 필요가 있습니다. 그는 지영민에게 명령하지 않았어요. "아, 하세요"라며 존댓말로 부탁했죠. 만약 하대하고 멸시하듯이 접근했다면 지영민의 태도는 달라졌을 거예요. 자존감이 낮은 지영민에게는 상대방이 어떤 태도를 취하느냐가 매우 중요합니다.

지영민은 잔혹하게 피해자들을 살해했습니다. 먼저 피해자의 머리 위에 정을 대고 망치로 내려쳐서 목숨을 끊고 벽에 시신을 걸었습니다. 발목 뒤 아킬레스건을 끊어서 피를 빼내기 위함이었죠. 이후 토막 낸 시신을 땅에 묻어서 처리했습니다. 굉장히 구체적인 이 범행 과정은 지영민의 입을 통해 드러났습니다. 범인에게 범행 방법이란 굉장히 중요한 요소예요. 자신을 과시할 수 있는 또 하나의 자랑거리가 될 수 있으니까요. 지구대에서 '죽였어요'라고 말한 것과 마찬가지로 과시의 연장선

상인 것이죠.

영화에서 미진이 정확히 몇 번째 피해자인지 나오진 않지만 분명한 건 지영민이 연쇄 살인범이란 겁니다. 반복해서 다수의 범행을 저질렀어요. 그의 범행 방법은 진술대로 '목도 졸라 보고 칼로도 해 본' 경험을 통해 변화해왔습니다. 그러면서 피해자가 '힘들어 하더라고요'라고 말하는데요. 이 말이 조금 이상하게 느껴지진 않나요? 지금까지 우리가 봐온 지영민은 피해자가 힘들어하고 말고는 신경 쓰지 않을 인물입니다. 그런 지영민이 피해자를 위해서 새로운 방법을 강구하는 수고를 들이진 않았겠죠. 대사를 이렇게 바꿔 보면 어떨까요? "목도 졸라보고 칼로도 해 봤는데 '내가' 힘들더라고요"처럼요.. 그가 거쳐온 시행착오는 자신에게 더 잘 맞고 편한 방법을 찾기 위한 과정이었습니다.

지영민은 순순히 수사에 응하지만, 경찰들이 끝내 알아내지 못한 부분이 있습니다. 그의 범행 동기인데요. 기동수사대장은 부하 직원들에게 없으면 만들어 넣으라며 꾸짖습니다. 희화화된 장면이지만 곱씹어 보면 무서운 내용이죠. 사람을, 그것도 여러 명을 살해하는데 그 동기가 없다는 것이니까요.

최근 일상에서도 '사이코패스'란 용어가 자주 쓰이는 모습을 볼 수 있습니다. 병리학적 진단과는 상관없이 누군가를 보고

'사이코패스 같다'라고 생각해 보신 적 있으실 텐데요. 여러분은 어떤 사람을 보고 사이코패스라고 생각했나요? 누군가 내 상식으로는 도저히 이해할 수 없는 행동을 했을 때 '사이코패스 아니야?'라는 생각이 떠오르진 않았나요?

2004년, 20여 명을 살해한 연쇄 살인범 유영철이 검거됐을 당시 세상을 더욱 놀라게 한 건 그에게 뚜렷한 범행 동기도 목적도 없었다는 것이었습니다. 이전까지의 살인 사건은 원한, 복수심 등 설명 가능한 동기에 의해 발생했었는데요. 범행 동기가 불분명한, 지금까지의 상식으로는 이해할 수 없는 새로운 사이코패스형 범죄가 등장한 것이죠.

〈추격자〉의 배경은 2000년대 초입니다. 경찰이 지영민의 자백에 따라 "마포 부녀자 연쇄 살인 사건의 범인이 잡혔습니다"라고 발표한다면 언론은 가장 먼저 "범인의 범행 동기가 무엇인가요?"라는 질문을 던질 텐데, 그런 건 없다고 대답하기가 어려웠을 거예요. 지영민 같은 유형의 범죄자를 경험한 적이 없었으니까요. "(동기를) 네가 하나 만들어 넣어야지. 이게 뭐야, 이게"라는 기수대장의 말은 범죄와 관련한 시대상을 잘 보여주는 대사입니다.

지영민을 프로파일링한다면

S#4. 조사실

지영민과 마주 앉은 심리분석관. 한 번도 성관계를 맺어 본 적 없지 않냐고 질문하자 지영민이 민감한 반응을 보인다.

- 너 성불구지? 여자들을 보면 자고는 싶은데 그러진 못하고. 그래서 여자들을 정으로 죽인 거지?
- 그만해요. 그런 거 아니에요. 그래서 그런 거 아니라고요.

이 영화의 완성도에는 배우들의 열연이 기여한 바가 크죠. 김윤석, 하정우 등 주연배우들의 연기도 훌륭했지만, 저는 이 장면에서 심리분석관으로 분한 이종구 배우의 연기를 굉장히 인상 깊게 봤어요. 왠지 모를 쾌감이 느껴지는 장면이었죠? 연쇄 살인범을 바로 앞에 두고 있는데도 분석관의 얼굴에는 두려움이나 공포심이 드러나지 않아요. 그의 표정으로 짐작해 보건대 눈앞의 상대는 그저 하찮은 존재에 불과해요. 살인범의 격을 정확히 짚어 준 연기인 거죠.

두 사람의 심리 싸움이 팽팽하게 이어지던 가운데 분석관이 지영민의 성적 문제를 지적합니다. 분석관의 멱살을 잡을 정도로 흥분하는 지영민의 반응을 보면 승부가 이미 한쪽으로 기울었다는 사실을 알 수 있어요. 분석관의 말이 틀렸다면 굳이 과민 반응할 필요는 없었을 테니까요. 성적 문제가 있음을 스스로 인정한 거죠. 자신의 약점을 노출한 셈입니다.

이 면담은 기수대장이 박수를 치면서 끝나는데요. 그는 왜 박수를 칠 만큼 기뻐했을까요? 앞서 지영민이 지구대에서 한 "죽였어요"라는 자백은 과시욕에 가까운 행동이었다고 했었죠. 그런데 이 장면에서는 말실수를 통해 진짜 자백이 나와 버렸어요. 성불구냐고 묻는 분석관에게 지영민이 한 대답을 다시한번 살펴보세요. 그 안에 해답이 있습니다.

"그래서 그런 거 아니라고요"라는 말로 지영민이 부정하는 부분은 '그런 거'가 아니라 '그래서'입니다. 살인을 부인하지 않았어요. 분석관이 지적한 범행 동기인 성적 쾌감 때문에 죽인 건 아니라고 말하고 있어요. 범행 사실 자체는 인정한 것과 다름없는 자백이라고 볼 수 있습니다. 기수대장이 외친 "브라보" 뒤에는 이러한 논리 전개가 숨어 있습니다.

정황상 분석관의 프로파일링은 맞아떨어진 듯한데, 여러분은 어떻게 보시나요? 저는 반은 동의하고 반은 동의하기 어렵다고 생각합니다. 분석관의 추론은 범인이 이성에 대한 콤플렉스 때문에 범행을 저질렀다는 결론으로 이어져요. 근거는 범죄의 주된 대상이 여성이었다는 점이죠. 이에 따르면 지영민의 범행은 여성에 대한 분노 범죄가 됩니다.

그러나 명백히 강해 보이는 사람 앞에서 분노를 막무가내로 표출하는 사람은 많지 않죠. 분노를 내뿜을 상대를 고를 때는 대부분 자신보다 약한 사람을 찾습니다. 지영민도 마찬가지였어요. 여성들만 살해한 것이 아니라 평범한 중년 부부를 살해했고, 어린 조카에게 공격성을 드러내기도 했습니다.

분석관과의 면담에서 보여준 태도에서 드러나듯이 지영민은 성적 문제로 인해 여성에 대한 콤플렉스, 분노를 갖고 있는 것으로 보여요. 하지만 지영민의 범죄 동기와 배경을 더 정확히 이해하기 위해서는 단순히 여성에 대한 혐오만으로 접근해서는 안 되겠죠. 범죄자의 배경에 학창 시절이나 가족 관계, 친구 사이나 직업적인 면에서 축적되어 온 열등감이 있을 수도 있어요. 대인관계에 기인한 것일 수도 있고요. 어린 시절부터 범죄의 배경이 될 만한 다양한 가능성을 반드시 함께 고려해야 합니다.

악의 평범성

지영민의 자백이 나왔지만 가장 중요한 증거는 발견되지 않
았죠. 결국 지영민은 증거 불충분으로 풀려납니다. 집으로 향
하던 길에 지영민은 담배 한 갑을 사러 늘 가던 슈퍼에 들르는
데요. 그곳에는 탈출한 미진이 숨어 있었습니다. 지영민의 정
체를 알 리 없는 사장님은 미진을 쫓는 사람이 찾아올지 모르
니 잠깐이나마 가게에 머물러 달라고 부탁하죠. 지영민은 사장
님에게 '몽둥이나 망치가 있느냐'고 묻습니다.

많은 관객이 탄식을 내뱉은 장면이죠. 슈퍼 사장님은 본인이
직접 건네준 망치로 미진과 함께 지영민에게 살해당하고 맙니
다. 이 부분이 얼마나 안타까웠는지, 영화가 개봉한 지 10여 년
이 훌쩍 지난 지금까지도 역대급 민폐 캐릭터로 슈퍼 사장님이
꼽힌다고 들었어요. 하지만 저는 사장님에게 그렇게 행동할 만
한 이유가 있었다고 생각합니다.

사장님의 입장에서 장면을 다시 들여다보자면 이렇습니다.

피투성이가 된 여자가 갑자기 슈퍼로 찾아왔습니다. 미진의 몰골에 범인의 흉악성이 그대로 드러나 있으니 사장님은 두려움을 느꼈겠죠. 공포심이 극대화된 상황에 단골손님이 가게를 방문합니다. 사장님의 자연스럽고 친근한 태도를 보면 지영민이 얼마나 자주 슈퍼를 찾았는지 짐작할 수 있어요. 그사이에 신뢰가 쌓였겠죠. 위기의 순간에 의심 없이 도움을 요청할 정도라면 지영민이 평소 행실 바른 청년으로 보였을 거라는 추정도 가능해요.

우리 주변에 실제 범죄자가 있다고 가정해 볼게요. 주변을 주의 깊게 둘러본다 한들 누가 잔인한 범죄자인지 알아챌 수 있을까요? 범행 현장을 맞닥뜨리기 전까지는 절대 모를 거예요. 슈퍼 사장님이 지영민에게 망치를 건넨 까닭은 사장님이 눈치 없는 사람이어서가 아니라 사이코패스가 평범한 사람의 얼굴 뒤에 숨어 있기 때문입니다. 비난받아야 할 대상은 사장님보다는 범죄자, 지영민이 아닐까요?

지선의 시선 - 피해자들을 바라보는 시선

영화 〈추격자〉는 잔혹한 범죄를 그리면서도 그 잔혹성을 묘사하는 데만 치중하지 않았습니다. 범인을 추격하고 응징하는 과정을 함께 보여 줬는데요. 그리고 거기서 드러나는 엄중호의 인간미가 영화의 매력을 한층 더 끌어올려 준다고 느꼈습니다. 안타깝게도 중호가 살리고자 애썼던 미진은 지영민의 손에 사망하고 말았지만요. 그렇다면 미진을 구하기 위한 중호의 추격전은 실패에 그친 걸까요? 여러분은 어떻게 생각하시나요? 전 엄중호의 추격전을 성공으로 볼 여지도 있다고 생각해요. 미진을 구하진 못했지만 중호로 인해 지영민이 검거되면서 추가 범행은 막을 수 있었으니까요.

이 영화에서 한 가지 아쉬운 점이 있어요. 초반부에 전형적인 성매매 여성으로 묘사되는 캐릭터가 나오는데요. 미진은 이 캐릭터와는 달리 전형성을 조금 벗어난 모습으로 그려집니다. 미진도 우리가 '성매매 여성'이라고 하면 떠올리는 편견에 가까운 모습으로 묘사됐다면 어땠을까요? 관객들이 미진에게서 지금과 같은 감정을 똑같이 느낄 수 있었을까요? 피해자는 모두 피해자일 뿐이죠. 고귀한 피해자와 그렇지 않은 피해자가 따로 나눠져 있진 않다고 생각해요. 이 영화를 통해서 잔혹한 범죄의 희생양이 된 모든 피해자에 대해 생각해 보는 계기가 되었으면 합니다.

사이코패스psychopath

사이코패스는 병리적인 자기중심성을 그 핵심 특성으로 하여, 만성적으로 반사회적 행위를 저지르는 등 사회 일탈적 생활 방식을 보이는 사람들을 일컫는다. 대인 관계에서 타인을 조종하고 착취하며, 정서적으로 냉담하고 무심한 특성을 가지고 있다. 타인을 자신의 목적 달성을 위한 도구로 생각하고, 공감 능력이나 죄책감이 결여되어 있다. 국내의 대표적인 사이코패스 범죄자로는 유영철, 정남규, 강호순 등이 있다.

2장

진정한 위로와
용서란 무엇인가

〈밀양〉

Jisun Cinemind

밀양

(Secret Sunshine, 2007)

주인공 신애는 남편을 잃고 아들과 함께 남편의 고향인 밀양으로 가게 된다. 이곳에 정착해서 새롭게 시작하려 했던 그녀에게 다시 한번 비극이 닥치게 된다. 아들이 학원 원장으로부터 납치되어 결국 살해된 것. 신애는 아들의 죽음 이후 절망하다가 종교에 귀의하게 된다. 신앙 생활에 집중하며 오히려 행복하다고 말하는 신애는 결국 아들의 살인범을 용서하겠다는 결심을 하며, 항상 신애 뒤에 있는 종찬은 고통받는 그녀 곁을 맴돌며 지켜준다. 배우 전도연은 이 영화로 칸 국제영화제에서 여우주연상을 수상했다.

장르	드라마
감독	이창동
각본	이창동
원작	이청준 《벌레 이야기》
등장인물	이신애 역 : 전도연 김종찬 역 : 송강호

여러분의 인생 영화는 무엇인가요? 저는 〈밀양〉을 보고 '인생에서 이런 영화를 또 만날 수 있을까?'라는 생각을 했습니다. 이 작품은 남편과 사별한 후 밀양으로 이사 온 신애가 아들 준의 유괴 이후 겪게 되는 일들을 다룹니다. 유괴 사건을 다룬 다른 영화들과 달리 범인이 밝혀진 이후에 집중한다는 점에서 특별해요.

우리는 범인이 잡히고 나면 사건이 해결됐다고 생각하지만, 피해 당사자는 여전히 그 사건 안에서 살아갑니다. 〈밀양〉은 우리가 피해자를 어떻게 바라보고 있는지를 새삼 돌아보게 해주는 영화입니다. 타인을 보는 시선에 담긴 사랑, 용서, 위로는 어떤 의미를 가질 수 있을까요? 삶에 대한 본질적인 질문이라고도 할 수 있는 이 의문을 되새기면서 〈밀양〉을 함께 감상해 보겠습니다.

상처를 안고 밀양으로 내려가다

S#1. 차 안
준이의 하원길. 신애와 준이 봉고차 안에 타고 있다. 운전을
하던 학원 원장 박도섭이 신애에게 밀양으로 내려온 이유를
묻는다.

신애에게 이것저것 묻는 박도섭의 눈빛이 어째 심상치 않습
니다. 〈밀양〉을 처음 본 관객이라면 그냥 지나칠 수도 있는 부
분이죠. 하지만 두 번, 세 번 관람하신 분들은 박도섭의 의중을
알아채셨을 거라고 생각해요. 지나치게 개인적인 사항을 물으
면서 그는 신애의 신상 정보를 파악하고 있습니다. 준이를 유
괴 대상으로 삼아도 될지, 노릴 만한 취약점은 어디인지 찾는
중이죠. 결국 박도섭은 준이를 유괴하는 데 이릅니다.
　운전을 하던 박도섭은 갑자기 차를 멈추죠. 중학생인 딸이
지나가는 모습을 발견했기 때문입니다. 박도섭은 딸을 낚아채
봉고차에 태우는데요. 잔뜩 주눅 든 아이와 거칠게 아이를 붙
잡는 아버지의 태도를 보아하니 이런 상황이 처음이 아닌 듯합
니다. 상습적 학대의 피해자와 가해자의 모습이 보여요. 박도
섭은 아이들이 다니는 학원을 책임지는 원장입니다. 자신의 자

녀를 가혹하게 대하는 사람이 다른 부모의 아이를 과연 진심으로 보살필까요? 제가 학부형이었다면 내 아이를 박도섭의 학원에 보내도 되는지 심각하게 고민했을 것 같습니다.

S#2. 약국

학원 차에서 내린 신애를 부르는 약국 사장 김 집사. 신애가
불행한 일을 당했다는 이야기를 들었다며 먼저 말을 건넨다.

신애가 밀양에 자리를 잡은 지 얼마 되지 않았음에도 불구하고 이웃들은 모두 신애의 사연을 알고 있습니다. 게다가 신애를 위로하려고 하죠. 신애가 불행한 일을 당한 불행한 사람이라고 규정했기 때문입니다.

우리는 언제 위로를 할까요? 누군가가 도움이 필요하다고 판단했을 때 그를 위로해야겠다고 생각하지 않나요? 물론 판단의 주체는 나 자신이죠. 그런데 영어 사용자들은 타인에게 도움을 주고자 할 때 "Can I help you?" 혹은 "May I help you?"라고 묻습니다. "제가 당신에게 도움을 드려도 될까요?"라고 물음으로써 상대방을 도움이 필요한 사람으로 규정한 점에 대해 먼저 양해를 구하는 거죠. 상대방이 정말 도움을 바라는지, 나의 선의가 상대방을 불편하게 하지는 않을지 확인한 다음에

비로소 도움을 제공합니다.

이 장면에서 약국 사장님 역시 신애를 위로하려 했습니다. 신애에게 위로와 도움이 필요하다고 스스로 판단했기 때문인데요. 동등한 입장에서의 위로가 아닌 신애를 내려다보고 있기 때문에 할 수 있는 판단입니다. 신애는 자신이 불행하지 않다고 말하지만, 약국 사장님의 눈에 신애는 불행한 사람일 뿐입니다. 상대의 입장을 고려하지 않은 채 일방적으로 베푸는 위로는 상대에게 상처로 닿을 수도 있습니다.

유괴범이 남긴 단서들

S#3. 신애의 집

학원 학부모들과의 회식에서 돌아와 준을 찾는 신애. 그런데 아무리 집 안을 둘러봐도 준이 보이지 않는다. 그때 전화 한 통이 걸려 오는데…….

밤늦은 시각에 걸려 온 전화가 전한 소식은 아들 준이 유괴되었다는 것이었습니다. 범인은 아들의 목숨값으로 돈을 요구하죠. 여러분, 이 타이밍이 수상하다고 느끼지 않으셨나요? 집에 도착한 신애가 아이가 없어졌다는 사실을 인지한 직후에 바로 전화벨이 울리다니, 우연이라 하기에는 너무 절묘합니다.

이 장면을 자세히 들여다보면 유괴범 프로파일링에 도움이 되는 지점들을 찾을 수 있습니다. 신애가 전화를 받기 전에도 전화벨이 울렸죠. 회식 자리에서 나온 신애가 택시를 타기 직전의 일이었습니다. 그런데 상대는 아무 말 없이 전화를 끊어 버렸어요. 전화를 건 사람이 한마디 말도 않고 전화를 끊는 경우는 별로 없죠. 유괴라는 드문 사건과 침묵으로 끝난 통화라는 또 다른 드문 일. 우연이 반복되면 필연일 가능성을 염두에 둬야 합니다. 상대가 전화를 잘못 건 것이 아니라 신애의 위치를 파악하기 위한 목적성 전화를 걸었을지도 모른다고 의심해 봐야 해요. 의심한 바가 맞다면 범인은 신애의 휴대전화 번호를 아는 사람이겠죠. 어쩌면 신애의 외출에 대한 정보까지 이미 알고 있었을지도 모릅니다.

집에 도착한 신애의 모습에 이어 카메라는 집 안을 비춥니다. 기이하게도 아이가 납치된 공간이라고 하기엔 너무나 평범합니다. TV는 조금 전까지도 아이가 보고 있었다는 듯 켜진 상태고, 이불은 아이가 누워 있던 모습을 보여 주듯 자연스럽게 흐트러져 있습니다. 그 외 모든 물건이 제자리에 정갈하게 놓여 있죠. 아이를 억지로 데려가는 과정에서 벌어졌을 몸싸움의 흔적이 전혀 없어요. 이 광경은 무엇을 의미할까요? 유괴범이 불필요한 힘을 쓸 필요가 없었다는 뜻입니다. 아이가 순순히 따라 나갔다면 범인은 낯선 상대가 아니었겠죠. 면식범의 소행일 가능성에 무게가 실립니다.

신애는 유괴범의 요구대로 지정된 장소에 돈을 갖다 놓습니다. 그리고 신애가 집에 돌아온 순간 다시 한번 범인의 전화가 걸려 옵니다. 마치 신애를 지켜보기라도 했다는 듯이 말이죠. 그는 남편의 사망 보험금, 신애가 관심을 보였던 토지 매매를 언급하며 더 큰 금액을 부릅니다. 신애의 경제 상황까지 파악하고 있다는 의미죠. 역시나 유괴범이 면식범일 가능성을 높이는 지점입니다.

결정적인 단서는 신애가 돌아오는 길에 마주친 한 사람입니다. 친구들과 함께 걸어가던 이 사람은 전화 한 통을 받고는 무리에서 빠져나와 다른 곳으로 향하는데요. 이윽고 신애가 돈을 두고 온 곳이 있는 방향으로 걸어갑니다. 이 사람의 정체는 박도섭의 딸입니다. 우연이 반복되면 필연일 가능성을 생각해야 한다고 말씀드렸죠. 범죄와 관련한 장소에서 지인을 마주쳤다는 것은 실제 수사에서 매우 중요하게 다루는 정보입니다. 하지만 보통은 이 정보의 중요성을 인지하지 못해요. 동네 사람을 길에서 만난 일 정도는 별일 아니라고 생각해 머릿속에서 지워 버리기 때문이죠.

박도섭의 딸은 공범에 해당할까요? 아마 처음에는 유괴가
벌어졌다는 상황을 모르지 않았을까 싶어요. 아빠의 말에 따라
쓰레기통에 담긴 돈을 운반하다가 나중에 알아챘을 것 같습니
다. 죄책감 때문에 신애의 학원 주변을 서성이던 딸은 신애의
눈에 띄고, 이를 수상하게 여긴 신애는 경찰에 신고합니다. 결
국 범인은 신애와 준을 모두 알고 있었던 학원 원장 박도섭임
이 밝혀지는데요. 준은 안타깝게도 살아 돌아오지 못한 채 인
근 저수지에서 시신으로 발견됩니다.

주눅 든 피해자, 뻔뻔한 가해자

S#4. 화장장
화구 속으로 들어가는 아이의 관을 멍한 표정으로 바라보는 신
애. 울부짖던 시모가 다가와 눈물도 없냐며 신애를 책망한다.

우리가 누군가에게 품는 기대나 고정관념이 얼마나 폭력적
일 수 있는지 잘 보여 주는 장면입니다. 시모는 아들을 잃고도
울지 않는다며 신애를 책망하죠. 피해자에게 흔히 기대하는 모
습과 신애의 모습이 달랐기 때문입니다. 사람들은 피해자가 고
정 관념에 반하는 모습을 보이면 때로 의심의 눈초리를 보냅니

다. 피해 사실을 왜곡하거나 피해자의 마음을 오해하기도 하죠.

피해를 입었다고 해서 격렬한 슬픔만을 느끼지는 않습니다. 피해자들은 굉장히 복합적인 감정을 느끼고, 각각의 감정을 저마다 다른 단계와 순서로 경험합니다. 아들을 막 잃은 신애는 자신이 현실 속에 있는지 꿈속에 있는지조차 가늠하기 어려운 상태일지도 모릅니다. 소중한 아이가 왜 유괴당하고 목숨을 잃어야만 했는지 이해할 수도 없고 받아들일 수도 없겠죠. 억울함, 화, 슬픔 등 수많은 감정이 복합적으로 밀려오는 상황에서 그중 어떤 감정을 먼저 발산해야 할지도 모를 만큼 혼란스러운 상태입니다.

이웃 사람 종찬이 곁으로 다가서자 신애는 "내 손으로 죽여도 시원찮은데 경찰서에서 그 인간 만났을 때 왜 내 몸을 피했을까요?"라고 자문합니다. 유괴범 박도섭은 검거된 상태로 신애를 뻔뻔하게 바라봤는데 신애는 몸을 움츠리며 시선을 피했죠. 신애는 그 순간을 잊지 못하고, 범인을 피한 자신을 원망합니다. 신애가 피해자이면서도 가해자와 눈을 마주치지 못한 이유는 무엇이었을까요?

범인이 신애에게 어떤 존재였는지를 생각해 보면 신애의 마음을 헤아릴 수 있습니다. 유괴범의 전화를 처음 받았을 때 신애는 집에 혼자 있었죠. 범인을 눈앞에 둔 것도 아닌데 신애는 온몸을 떨고 머리를 조아리며 통화를 이어갔습니다. 꼬박꼬박 존댓말을 쓰면서요. 내 아이의 생사를 쥔 사람이니 그 어떤 존재보다도 막강한 힘을 가진 두려운 존재로 여겨졌던 것이죠. 아이가 사라진 순간부터 자신의 삶을 온통 지배했던 사람을 갑자기 맞닥뜨린 상황에서 서슴지 않고 화를 표출하기란 쉬운 일이 아니었을 거예요.

용서는 누구의 몫인가

S#5. 교도소 접견실
아들의 사망 신고를 한 신애가 울부짖는다. 그 순간 '상처받은 영혼을 위한 기도회'라는 현수막을 발견한 신애는 이후 신앙생활에 매진하고, 범인 박도섭을 용서하기로 결심한다.

신애가 범인을 용서하는 방법은 범인에게 찾아가서 용서한다고 말하는 것이었습니다. 종찬은 마음으로만 용서하면 안 되냐고 묻지만 신애는 범인을 직접 면회하길 원하죠. 저도 종찬의 의견과 비슷했기 때문에, 이 장면을 보면서 '교도소에 가지 말지……'라는 생각이 들어 가슴을 졸였습니다.

'용서'라는 말은 다양한 의미를 내포할 텐데요. 그중에는 '상대방을 나와 동등한 인간으로 보아 감싸 안고 받아들인다'라는 의미도 있을 거예요. 신애는 용서를 베풀고자 하는 시혜적인 태도를 보입니다. 진정한 용서를 할 준비가 아직 되지 않은 상황이겠죠.

긴장된 마음을 안고 접견실을 찾은 신애 앞에 범인 박도섭이 모습을 드러냅니다. 그리고 그는 "하나님이 자신의 죄를 용서해 주셨다"고 말하죠.

- 하나님이 죄를 용서해 주셨다고요?
- 네. 눈물로 회개하고 용서받았습니다. 그라고 나서부터 마음에 평화를 얻었습니다.

범인을 용서하고자 했던 신애의 결심이 무색해지는 순간이었죠. 신에게 이미 용서받았다고 말하는 범인 앞에서 신애는 용서라는 단어를 꺼낼 수가 없었습니다. 접견을 마치고 나온 신애는 기절하고 맙니다.

우리의 몸은 충격으로부터 마음을 보호하려 애씁니다. 눈물이 날 때를 생각해 볼까요? 감당하기 어렵고 마주하기 괴로운 일을 맞닥뜨렸을 때 눈물이 나지 않았나요? 눈물이 나면 일단 앞이 잘 보이지 않죠. 눈물이 보고 싶지 않은 상황을 피하려는

신체 반응인 셈이죠. 박도섭을 면회한 직후 신애가 기절한 것
역시 받아들이기 힘든 상황을 피하려는 적응적인 반응으로 보
이기도 합니다. 지금까지 신앙의 힘으로 버텨왔다고 생각했는
데, 범인이 용서를 말함으로써 마음이 더욱 갈가리 찢어진 상
황이잖아요. 정신을 보호하기 위해 몸이 먼저 반응한 건 아닐
까요.

S#6. 신애의 집
박도섭 면회 후 주변과의 관계를 차단하고 홀로 지내는 신
애. 그런 신애를 위해 종찬을 비롯한 이웃들이 모여 신애를
위한 기도를 시작하는데…….

신애는 피해자인 자신이 용서하기도 전에 어떻게 하나님이
먼저 범인을 용서할 수 있냐며 울부짖습니다. 그런 그녀를 이
웃들은 이해하지 못하죠. 이 장면에서 가장 중요한 대사는 신
애가 작게 말하는 "난 이렇게 괴로운데"예요. 사람들은 신애를
위해 기도하겠다며 모였지만 정작 신애의 괴로움을 헤아리는
사람은 아무도 없습니다. 범인을 용서하라고, 믿음을 가지라고
강요할 뿐이죠.
진정한 용서란 무엇일까요? 어려운 질문입니다. 답을 평생

깨우치지 못할지도 몰라요. 다만 용서하는 주체가 누구인지에 대해 생각해 볼 필요는 있습니다. 용서는 피해자가 하는 일이죠. 유괴범에 대한 용서는 오직 신애만이 할 수 있습니다. 아무리 선의라고 하더라도, 용서하라는 주변의 강권은 무의미합니다. 피해 당사자의 마음이 움직여야만 하죠.

저수지에서 발견된 어린 아들의 시신을 신애가 어떤 표정으로 바라봤는지 우리는 알지 못합니다. 카메라가 그 장면을 아주 멀리서 담았기 때문이죠. 영화 〈밀양〉이 말하고자 했던 바를 상징적으로 표현하는 장면이라고 생각합니다. 우리는 뉴스 기사를 읽고 주변의 이야기를 들은 뒤 특정 사건과 피해자를 잘 안다고 말하곤 합니다. 하지만 실제로는 준의 시신을 확인하는 신애를 바라보던 카메라처럼 멀찌감치 떨어진 위치에 서 있을 뿐입니다. 피해 당사자들이 어떤 마음으로 사건 속에서 살아가는지 감히 상상할 수조차 없는 입장이죠. 범인에 대한 용서도, 자신에 대한 치유도 신애의 몫으로 남겨 두고 지켜보는 것이 우리가 할 수 있는 일의 전부가 아닐까요.

지선의 시선 - 진정한 공감으로 보여 주는 사랑

영화 〈밀양〉을 여러분과 함께 보고 싶었던 이유 중 하나는 종찬이라는 캐릭터입니다. 진정한 사랑과 공감을 할 줄 아는 인물이라는 생각이 들었거든요. 제가 인상적으로 본 장면은 어느 날 밤 종찬이 신애의 전화를 받는 장면입니다. 신애는 방금 전 유괴범이 전화를 걸었다고 하는데, 범인은 이미 수감된 상태입니다. 종찬은 교도소에 있는 범인이 어떻게 전화를 거느냐며 꿈을 꿨을 뿐이라고 말하고는 전화를 끊습니다. 상황은 여기서 끝나지 않습니다. 종찬은 이내 일어나 방의 불을 켜고 신애에게 다시 전화를 걸어, 자신이 말을 잘못했다며 내일 다시 한번 알아보겠다고 합니다.

심리학에서는 공감을 두 가지로 분류합니다. 상대방의 입장을 머리로 이해해 공감하는 것을 인지적 공감, 상대방의 감정을 마음으로 느껴 공감하는 것을 정서적 공감이라고 해요. 많은 사람이 상대방에게 인지적으로는 공감해도 정서적으로는 공감하지 못합니다. 반면 종찬은 신애의 상황을 인지적으로나 정서적으로나 모두 공감하고 있어요. 교도소에 갇힌 범인이 신애에게 전화를 걸 리 만무하다는 것을 종찬도 압니다. 신애 또한 날이 밝은 뒤 냉정을 되찾으면 똑같이 생각하게 되겠죠. 하지만 종찬은 신애가 자신을 필요로 한 그 순간에 신애의 말을 있는 그대로 받아들이며 그 존재 자체를 수용하는 것으로 온전한 공감을 표합니다.

〈밀양〉의 영어 제목은 'secret sunshine'입니다. 신애에게 있어서 밀양, 숨겨진 빛은 아마 종찬이 아닐까요. 어떠한 간섭도 강요도 하지 않은 채 늘 뒤에서 신애를 따뜻하게 비춰 주는 빛과 같은 존재 말이죠.

3장

영화로 보는
프로파일링의 진수

〈양들의 침묵〉

Jisun Cinemind

양들의 침묵

(The Silence Of The Lambs, 1991)

미국의 범죄 스릴러 소설가인 토머스 해리스의 소설을 원작으로 1991년에 개봉한 영화. 한니발 렉터 시리즈 4부작 중 한 편이다. 범죄 영화의 고전이자 스릴러물의 걸작을 꼽을 때 항상 빠지지 않는 작품이며 아카데미 시상식에서 남녀주연상을 포함해 총 5개 부문에서 수상했다.

장르	범죄, 공포, 드라마, 서스펜스
감독	조너선 드미
각본	테드 탤리
원작	토머스 해리스 《양들의 침묵》
등장인물	클라리스 M. 스탈링 역 : 조디 포스터 한니발 렉터 역 : 앤서니 홉킨스 잭 크로포드 역 : 스콧 글렌 버펄로 빌 역 : 테드 레빈

한니발 렉터. 정신과 의사였으나 자신의 환자 아홉 명을 살해하고 식인을 한 인물입니다. 버펄로 빌. 여성들을 연달아 살해하고 피부를 벗기는 만행을 저질러 FBI의 수사 대상이 됐습니다. 〈양들의 침묵〉에 등장하는 두 명의 연쇄 살인범이죠. 이들의 범행 수법은 굉장히 끔찍한데, 영화 안에서 폭력을 직접 묘사하는 장면이 두드러지진 않아요. 범죄 과정을 자세히 보여주지 않으면서도 범죄자를 추적하는 과정을 치밀하게 묘사한 작품이죠. 바로 그 점이, 범죄심리학자와 같이 볼 영화로 〈양들의 침묵〉을 추천해 드리는 이유입니다.

이 영화에는 프로파일링 과정이 잘 드러나 있습니다. 프로파일링이란 범죄자의 행동과 현장의 단서 등을 종합해 범인의 특징을 추정하는 과학 수사 기법이에요. 〈양들의 침묵〉 속에서 이 기법이 얼마나 박진감 넘치게 펼쳐지는지, 실제 프로파일링을 하듯 꼼꼼하게 살펴보도록 할게요!

연쇄 살인범에게 수습생을 보낸 이유

S#1. 볼티모어 수용소
FBI의 수습 요원 클라리스. FBI 행동 과학부 국장 크로포드의
지시를 받아 연쇄 살인범 한니발 렉터를 인터뷰하기 시작한다.

크로포드는 행동 과학부에서 일하고 싶어 하는 수습생 클라
리스를 불러 맡길 일이 있다고 합니다. 범죄 심리 연구에 참고
할 자료를 얻기 위해 수감 중인 연쇄 살인범들을 인터뷰하는
중인데, 비협조적인 범죄자가 한 명 있으니 만나 보라는 것이
었죠.

여러분은 이 장면이 의아하다고 느끼지 않으셨나요? FBI에
협조할 마음이 없는 데다 '식인종 한니발'이라고 불리는 희대의
살인마에게 수습 요원을 보내다니, 크로포드가 너무했다고 생
각하는 사람이 저 하나만은 아니겠죠. 꼭 그래야만 했을까 싶
기는 하지만 크로포드의 선택에는 나름의 이유가 있습니다. 한
니발과 클라리스의 첫 만남을 살펴보면 힌트를 얻을 수 있죠.

한니발은 클라리스를 보자마자 신분증을 보여 달라고 요구
합니다. 엄격한 통제가 이루어지는 수용 시설에서 방문을 허락
했다면 클라리스의 신분은 증명됐다고 봐야 하거든요. 한니발

이 상식 밖의 요구를 한 거예요. 하지만 클라리스는 순순히 신분증을 내보이고, 한니발은 만료 기한이 일주일 뒤라는 점을 확인합니다. 정식 요원의 신분증이 아니라는 의미죠.

한니발은 클라리스를 빤히 바라보며 수습생이냐고 묻습니다. 영화를 보셨다면 아시겠지만 대단한 카리스마의 소유자인 한니발과 마주 보며 대화하기란 어려운 일입니다. 그런데 놀랍게도 클라리스는 한니발의 눈을 피하지 않아요. 상대를 압도하고 꿰뚫어 버릴 듯한 시선을 피하지 않을 사람이 과연 몇 명이나 될까요. 클라리스는 한니발의 질문에 자신이 아직 학생임을 인정하며 '당신에게 배우러 왔다'라고 말합니다.

눈치 채셨나요? 한니발은 신분증을 통해 클라리스와의 주도권 다툼을 시도했습니다. 만약 클라리스가 지지 않으려고 허세를 부리거나 분노로 받아치는 애송이였다면 어떻게 됐을까요? 아마 한니발이 크게 망신을 주고 내쫓았겠죠. 하지만 클라리스는 차분하게 상대방을 존중하는 모습을 보였어요. 한니발 또한 날카로운 태도를 살짝 누그러뜨립니다.

한니발은 숨쉬듯이 사람을 분석하는 인물입니다. 클라리스 뒤에 크로포드가 있다는 사실을 바로 눈치채죠. 크로포드의 목적도 금세 알아냅니다. 그는 버펄로 빌이 일으킨 연쇄 살인 사건과 관련한 단서를 한니발에게서 얻고자 합니다. FBI가 도움을 청할 만큼 심리 파악 능력이 탁월한 사람에게 일방적으로 협조하라고 명령할 수는 없죠. 대가로 제공할 무언가가 필요합니다. 한니발이 관심을 보일 만한 대상, 클라리스가 바로 그 관심사가 아니었을까요. 영화는 단서를 수수께끼처럼 흘리는 한니발과 사건의 진상을 밝히려는 클라리스 사이의 수 싸움에 집중하지만, 이면에서는 크로포드와 한니발의 수 싸움이 벌어지고 있는 셈입니다.

연쇄 살인범의 반복 행위, 시그니처

S#2. 멤피스, 캐서린의 집 앞
야간 투시경을 쓴 채 캐서린을 지켜보고 있던 버펄로 빌. 팔을 다친 척 소파를 옮기자 이를 본 캐서린이 도와주기 위해 다가온다. 빌은 캐서린을 폭행한 후 차에 태우고 사라지는데……

영화 시작 시점에서 버펄로 빌 사건의 피해자는 다섯 명이었습니다. 모두 여성이었고 강에서 시신 상태로 발견됐죠. 가장 독특한 공통점은 피부가 벗겨져 있었다는 점이에요. 범죄 심리학에서는 이러한 행위를 '시그니처signature'라고 부릅니다.

실제 인물 중에 버펄로 빌과 같은 범행 수법을 가진 사람이 있었어요. 미국의 연쇄 살인범 에드 게인Edward Gein은 피해자의 시신을 이용해 옷과 장신구 등을 만드는 엽기적 행각을 벌였죠. 그는 여성들을 납치 후 살해한 혐의로 1957년에 검거됐습니다.

버펄로 빌의 모습에서 발견할 수 있는 실제 범죄자의 특성은 이뿐만이 아닙니다. 버펄로 빌은 팔에 깁스를 감아 다친 척 위장해서 피해자 캐서린의 눈길을 끌죠. 1970년대 미국의 연쇄 살인범 테드 번디Ted Bundy의 범행 수법을 참고한 것입니다. 그 역시 팔에 깁스를 하고는 '책을 옮겨야 하니 도와 달라'라며 피해자에게 접근했어요. 도와주려던 여성들은 납치된 후 살해당했죠.

이렇듯 버펄로 빌은 〈양들의 침묵〉의 원작자인 토머스 해리스가 여러 범죄자를 조합해 창조한 인물입니다. 그래서인지 한 사람 안에 공존하기 어려운 특성들이 한꺼번에 나타나요. 앞서 말씀드린 테드 번디는 타인과의 의사소통에 자신감을 보였거든요. 피해자에게 도움을 요청하는 척 다가가서 대화를 나누다가 공격하는 대담한 수법을 편히 구사할 수 있는 사람이었어요. 하지만 버펄로 빌은 영화 전반에서 사회성이 굉장히 부족한 것으로 묘사됩니다. 그런 인물이라면 피해자에게 말을 거는 대신에 보자마자 공격하거나 바로 납치했을 가능성이 더 크죠.

클라리스의 프로파일링이 시작되다

S#3. 웨스트버지니아, 차 안
웨스트버지니아주, 엘크 강에서 여섯 번째 시신이 발견된다.
크로포드와 클라리스는 시신을 확인하기 위해 이동한다.

다섯 명이었던 버펄로 빌 사건 피해자는 납치된 캐서린, 웨
스트버지니아에서 새로 발견된 한 구의 시신을 더해 총 일곱
명이 됩니다. 크로포드는 클라리스에게 지난 다섯 건의 범행에
서 발견된 공통점을 말해 줍니다. 버펄로 빌은 살해 전에 강간
을 하거나 폭력을 쓰지 않았고, 매번 납치한 지 3일 만에 피해
자를 총으로 쏜 다음, 피부를 벗겨 강에 유기했습니다. 크로포
드는 클라리스를 향해 범인이 어떤 사람인 것 같냐고 묻습니
다. 여러분은 어떻게 생각하시나요? 크로포드가 전달한 정보
를 바탕으로 범인의 특징을 추리하실 시간을 드릴게요. 그 뒤
에 클라리스의 프로파일링 내용을 보시면 범죄 수사 과정을 더
흥미롭게 경험하실 수 있을 것 같습니다.
 자, 추리를 마치셨나요? 클라리스는 버펄로 빌이 떠돌이
가 아니라 단독주택에 살고 있는 사람이라고 봅니다. 나이는
30~40대로 상당히 힘이 세며, 너무 어리기보다는 나이 든 사

람다운 자제력을 갖췄고 신중하고 정확한 성격을 지녔으리라 추측하죠. 크로포드는 클라리스의 말을 듣고 "꽤 잘하는군"이라고 칭찬합니다. 저 역시 수습 요원이 했다고 보기 어려울 만큼 수준급 분석을 해냈다고 생각해요. 클라리스의 프로파일링 내용을 한번 자세히 들여다보겠습니다.

버펄로 빌이 단독주택에 거주한다고 추론한 이유는 그가 피해자들을 3일 동안 살려 두었다가 살해했기 때문입니다. 자기만의 독립 공간이 없다면 납치 대상을 3일이나 숨겨 두기는 어렵겠죠. 힘이 세다는 추측은 버펄로 빌이 시신을 강에 유기했다는 사실에서 나온 것입니다. 무거운 시신을 강으로 옮기려면 힘이 많이 들 테니까요. 범인의 연령대를 짐작하기란 참 어려운 일인데 클라리스의 판단에는 근거가 있습니다. 일단 신체적 힘이 필요한 범행을 저질렀으니 고령자는 배제해야겠죠. 또 한 가지 주목해야 할 부분은 버펄로 빌 사건이 연쇄 살인 사건이라는 점입니다. 충동적인 성향이 있는 10~20대보다는 통제력과 주의력을 겸비한 30~40대가 범인의 연령대라고 보는 편이 타당합니다.

크로포드는 여섯 번째 시신을 보러 가는 길에 지금까지 피해자가 각기 다른 강에서 발견됐다며 클라리스에게 지도를 보여 줍니다. 피해자들이 서로 멀리 떨어진 곳에서 발견됐다는 것을 알 수 있죠. 이들 모두를 한 사람이 해쳤다고 보는 이유는 앞서 말씀드린 유사성이 드러났기 때문입니다. 모든 피해자가 총상에 의해 사망했고 강에 유기됐죠. 성폭력 흔적이 없다는 공통점도 있었습니다. 결정적으로 범인은 피해자들이 사망한 후에 피부를 벗겨냈어요. 범행 수법에서 일관성이 보이고 매우 특이한 시그니처가 발견됐기 때문에, FBI는 지난 다섯 건의 범행이 한 사람의 소행이라고 판단했던 겁니다. 이렇게 일련의 사건이 동일범의 소행인지 판단하는 분석 기법을 '연계 분석^{linkage} analysis'이라고 부릅니다.

연계 분석을 할 때는 유사성을 확인하는 일만큼이나 차별점을 확인하는 작업도 중요해요. 크로포드는 첫 번째 희생자인 프레드리카 비멜의 몸에만 무거운 물체가 달려 있어서 세 번째로 발견됐다고 이야기합니다. 버펄로 빌은 첫 번째 범행 이후로 더 이상 시신에 무거운 물체를 매달지 않았어요. 즉, 범행 수법을 바꾼 거죠. '첫 번째 피해자에게는 왜 무거운 것을 매달았을까?', '그다음부터는 왜 매달지 않게 됐을까?'라는 질문이 떠오르는데요. 이 질문들의 해답이 사건의 핵심과 연결되어 있을 가능성이 큽니다. 유사한 사건들 속에서 두드러지는 차별점이 보일 때는 차별점이 생긴 이유를 파헤쳐 볼 필요가 있어요.

변화를 원하지만 변화하지 못한 존재

S#4. 웨스트버지니아, 검안소
클라리스는 크로포드와 함께 여섯 번째 시신을 검안한다.

앞서 일어난 범행들의 유사성을 확인했으니 이제 여섯 번째 범행에도 동일한 유사성이 나타나는지 살펴볼 차례죠. 클라리스는 검안소에서 시신에 남은 흔적을 살핍니다. 불규칙하게 찢어진 가슴의 상처 한가운데에 구멍이 나 있었는데, 몸에 바짝 댄 총을 맞았을 때 생기는 전형적인 상처입니다. 엉덩이 위쪽 피부는 사후에 다이아몬드 모양으로 제거된 상태였죠. 총으로 살해된 뒤 피부가 벗겨진 채로 강에 버려졌다는 유사성을 통해, 시신은 범인이 버펄로 빌임을 말없이 보여 주고 있었습니다.

그런데 여섯 번째 시신에는 차별점도 존재했습니다. 후두부에서 누에고치가 발견된 거예요. 시신의 목 안에 뭔가를 집어넣는 행동은 그 자체로도 특이하지만 범행을 완수하는 데 필요하지 않다는 점에서 더 독특하죠. 따라서 '이물질 삽입 foreign object insertion'은 범죄자의 내면을 파악하는 데 굉장히 중요한 단서가 됩니다. 어떤 물건을 왜 집어넣었는지를 파악하면 범행을 왜 저질렀는지 그 동기를 파악할 가능성이 높아지니까요.

버펄로 빌은 왜 누에고치를 선택했을까요? 영화 속 설명에 따르면 그 누에고치는 아시아에서 사는 사두 나방의 고치로, 누군가가 정성스레 기른 것이라고 합니다. 버펄로 빌은 미국에 살지 않는 종을 일부러 구해 애지중지 돌봤을 만큼 누에고치를 중요하게 여겼어요. 누에고치의 의미가 무엇인지 묻는 클라리스에게 한니발은 이렇게 답합니다.

누에고치가 갖는 의미는 변화지. 버펄로 빌 역시 변화를 갈구해.
버펄로 빌은 성전환자가 아니야. 그렇다고 생각할 뿐이지. 지금까지 많은 시도를 해 봤을 거야.

이번 기회에 〈양들의 침묵〉의 영문 대사를 하나하나 확인했거든요. 이 영화를 여러 번 봤는데도 그동안 놓쳤던 내용들이 보이더라고요. 이 장면에서 한니발은 '변화'라는 단어를 강조하죠. 사실 그는 이전에도 변화를 언급했어요. 자신을 처음 찾아온 클라리스에게 승진할 기회를 주겠다고 말했는데, 승진이라고 번역된 표현의 원문은 'advancement'였습니다. 이 단어에는 변화, 발전이라는 의미도 있어요. 그때 이미 힌트를 한 번 준 셈이죠. 이후에는 살해당한 한니발의 옛 환자가 있는 곳으로 클라리스를 이끌고는, 풋내기 살인자의 '변신'을 위한 첫 시도를 본 느낌이 어떠냐고 묻기도 했습니다.

버펄로 빌은 변화를 갈망합니다. 여러분은 무엇을 원하시나요? 갖고 싶다고 생각한 물건이나 욕심을 느낀 대상을 한번 떠올려 보세요. 뭔가를 원한다는 건 그것을 소유하지 못했다는 뜻입니다. 누군가가 변화를 바란다는 말을 뒤집으면 그는 변화하지 못했다는 이야기가 돼요. 버펄로 빌은 성전환 수술을 받으려 했지만 결국 실패했습니다. 변화해야 하지만 변하지 못한 존재인 누에고치에 버펄로 빌이 자신을 투영했던 이유입니다.

사람은 무엇을 탐하는가

S#5. 멤피스, 한니발 격리실
한니발은 버펄로 빌 사건 파일에 메모를 남겨 클라리스에게 돌려주며 그 안에 모든 답이 들어있다고 말한다.

버펄로 빌의 본질이 뭐지? 이 자는 뭘 하려는 걸까?
그는 탐욕스러워. 그게 본질이야.
탐욕은 어떻게 시작되지? 탐낼 만한 걸 찾아다니나?
아니야. 사람은 매일 보는 것에 탐욕을 느껴.

버펄로 빌 사건의 본질은 뭘까요. 살인 사건이라는 점? 이 점은 사건의 결과에 해당합니다. 살인범을 찾기 위해서는 그가 살인을 시작한 원인, 살인을 통해 채우고자 하는 욕구가 무엇인지 알아야 해요. 범행 동기를 파악하는 일이야말로 프로파일링의 기본이죠. 버펄로 빌을 찾으려면 그의 욕망을 들여다봐야 합니다.

욕심을 느끼는 이유에 대한 이야기로 다시 돌아가 보겠습니다. 우리는 손에 넣지 못한 무언가를 원하죠. 가지고 있지 않은 존재를 어떻게 알고 소유욕을 느끼는 걸까요? 잠깐 가져 봤거나, 가지고 있는 사람을 봤거나, 가졌던 사람의 경험을 들어 보기라도 했을 거예요. 우리는 우리가 아는 대상을 탐합니다.

'사람은 무엇을 탐하는가?'라는 한니발의 질문을 범죄심리학적으로 해석하면 '범인은 어떤 피해자를 노리는가?'라는 물음이 됩니다. 매일 보는 것을 욕망하는 인간에 대한 통찰은 곧 버펄로 빌이 직접 본 사람, 경험한 사람을 타깃으로 삼았을 가능성을 암시합니다. 버펄로 빌과 피해자가 서로 얼굴을 아는 사이, 면식 관계일지도 모른다는 뜻이죠.

한니발이 돌려준 버펄로 빌 사건 파일 안에는 지도가 들어 있었습니다. 피해자의 시신이 발견된 장소를 표시한 그 지도죠. 한니발은 지도에 클라리스에게 전할 메모를 남깁니다. '클라리스, 장소가 지나치게 무작위로 흩어져 있지 않은가? 애써 꾸며낸 것처럼?' 지도에는 유사성과 차별점이 함께 나타납니다. 모든 피해자가 자신의 거주지 외의 지역에서 발견됐는데, 첫 번째 피해자가 발견된 곳은 거주지와 유독 멀리 떨어진 장소였습니다.

첫 번째 피해자에게만 해당하는 차별점이 또 하나 있었죠. 기억하시나요? 몸에 무거운 물체가 매달려 있었다는 점입니다. 이 차이 때문에 범행 순서에 따라 발견된 다른 피해자들과는 달리 첫 사건의 희생자임에도 세 번째로 발견됐어요. 버펄로 빌은 수사진이 특히 첫 번째 피해자를 찾아내지 못하도록 한층 더 노력했다고 추정할 수 있습니다.

한니발이 클라리스에게 '풋내기 살인자의 변신을 위한 첫 시도를 본 느낌이 어떠냐'라고 물었을 때, 그는 '변신'과 함께 '첫 시도'라는 키워드를 제공했습니다. 즉, 버펄로 빌 사건 해결의 열쇠는 버펄로 빌과 첫 번째 피해자인 프레드리카 비멜 사이의 관계에 있었습니다.

피해자의 신원이 확인되면 피해자의 주변 인물들이 가장 먼저 용의선상에 오릅니다. 버펄로 빌이 첫 피해자의 시신을 처리하는 데 왜 그리 많은 수고를 들였는지 이제는 아시겠죠. 첫 번째 피해자가 누구인지 밝혀질 경우, 자신이 수사 대상에 포함되리라고 예상했던 겁니다. 여기까지 알아낸 클라리스는 첫 번째 피해자의 주변인 조사를 시작합니다. 결국 프레드리카 비멜의 거주지 근처에서 버펄로 빌을 검거하고 납치되어 있던 캐서린을 구하는 데 성공하죠. 버펄로 빌이 직접 입으려고 만든, 피해자들의 피부를 재료로 쓴 의상들이 발견되면서 영화 속 버펄로 빌 사건은 끝을 맺습니다.

지선의 시선 - 양들의 침묵과 클라리스의 성장

지금까지 말씀드린 내용이 영화의 중심 사건입니다. 양들과는 전혀 관련 없는 내용이죠. 그런데 왜 '양들의 침묵'이라는 제목이 붙었을까요? 이 의문에 대한 답은 클라리스의 과거에서 찾을 수 있습니다.

한니발은 버펄로 빌 사건에 대한 힌트를 그냥 내어 주지 않았습니다. 그 대가로 클라리스에게 본인의 과거 이야기를 해 달라고 요구하죠. 클라리스는 아버지의 죽음을 되짚습니다. 경찰이었던 아버지는 강도에게 살해당했어요. 고아가 된 어린 클라리스는 친척 집에 맡겨졌는데, 친척은 목장을 운영하는 사람이었습니다. 도살당하는 양들의 비명을 듣고 충격을 받은 클라리스는 밤중에 양 한 마리와 함께 목장 탈출을 시도합니다. 한

마리라도 살리려 했지만 뜻대로 되지 않았습니다. 클라리스는 붙잡히고 양은 죽고 말죠.

성인이 된 후에도 클라리스는 양들을 구하지 못했다는 죄책감에 시달립니다. 밤중에 깨어날 때마다 양들의 비명을 들을 정도로요. 울부짖는 양들의 모습에서 어린 시절 버려진 자신의 모습을 봤기 때문이죠. 영화 속에서 한니발은 눈을 거의 깜빡이지 않은 채로 클라리스를 응시하지만 이 장면은 예외입니다. 클라리스의 이야기를 들은 한니발은 눈을 길게 감았다 뜹니다. 무언가를 깊게 생각하듯이.

버펄로 빌 사건을 해결한 클라리스는 FBI 정식 요원이 됩니다. 한니발은 그 소식을 전해 듣고 클라리스에게 전화를 걸어서 물어보죠. "양들의 비명은 멈췄나?"라고요. 클라리스가 경찰이 된 근본적인 이유를 파악했기 때문에 던질 수 있었던 질문이라고 생각해요. 클라리스는 자신에게서 아버지를 빼앗은 범죄자를 응징하고 피해자를 구출함으로써 오래된 트라우마를 극복해 나갈 수 있게 된 것입니다.

〈양들의 침묵〉은 버펄로 빌 사건을 해결하기까지의 과정을 펼쳐 보이지만, 한편으로는 클라리스가 어린 시절의 트라우마를 극복하는 과정을 그립니다. 클라리스의 마음속 양들이 침묵하기까지의 이야기이기도 한 셈이죠. 그렇다면 '범죄 스릴러'

라는 이 영화의 장르명에 하나를 더 추가해도 좋지 않을까요.
클라리스의 '성장 영화'라고요.

범죄자의 시그니처signature

연쇄 살인범 등 범죄자들이 범죄 현장에 반복해서 남기는 독특한 표식.
해당 범죄자의 특징을 잘 드러내기 때문에 '자필 서명' 또는 '고유의 특
성'을 뜻하는 명칭이 붙었다. 여러 사건이 한 사람의 소행임을 알려 줌으
로써 범죄자를 추적하는 데 필요한 실마리를 제공하기도 한다.

4장

현실을 반영한
진짜 공포를
경험하고 싶다면

〈화차〉

Jisun Cinemind

화차

(Helpless, 2012)

다정한 성격의 동물병원 수의사 문호는 자신의 병원 앞에서 선영이 강아지들을 구경한 일을 계기로 연인이 되고, 결혼까지 약속하게 된다. 그런데 문호의 부모님 댁에 인사하러 내려가던 중 잠깐 들른 휴게소에서 선영은 흔적도 없이 사라진다. 약혼녀 선영을 찾기 위해 문호는 전직 형사이자 사촌 형인 종근에게 도움을 청하는데, 놀랍게도 실종 당일 선영은 은행 잔고를 모두 인출하고 집 안에서의 지문까지 모두 지워 버린 상황! 실종된 선영에 대한 단서가 모이면서 그녀의 모든 것은 가짜임이 드러나게 된다.

장르	미스터리
감독	변영주
각본	변영주
원작	미야베 미유키 《화차》
등장인물	장문호 역 : 이선균 차경선 역 : 김민희 김종근 역 : 조성하

〈지선씨네마인드〉를 준비하면서 총 60편이 넘는 영화를 봤던 것 같아요. 여러분과 함께 어떤 영화를 보고, 무슨 이야기를 나눌지 많이 고민한 끝에 총 14편의 작품을 선정했는데요. 그중 이번 챕터에서 함께 볼 영화 〈화차〉는 시청자분들이 직접 선정해 주셨다고 해도 과언이 아닐 거 같습니다. 정말 많은 분이 〈화차〉를 꼭 다뤄 달라는 요청을 보내 주셨거든요. 이 영화의 개봉 연도가 2012년이니까 어느새 10년이 지났네요. 오랜 시간이 지난 지금까지도 이 영화를 찾는 분들이 많은 이유가 뭔지 굉장히 궁금했는데요. 다시 보니 그 이유를 알겠더라고요.

　영화 〈화차〉는 어느 날 갑자기 사라진 약혼녀를 찾아 헤매는 문호의 이야기를 다루고 있습니다. 약혼녀 선영의 정체가 밝혀지면서 숨겨진 진실이 하나둘 드러나기 시작하죠. 이 과정을 지켜보면서 여러분은 어떤 감정을 느끼셨나요? 현시점에 〈화차〉를 다시 봐야 하는 이유를 생각하면서 함께 감상해 볼게요.

감쪽같이 사라진 약혼녀

S#1. 휴게소

결혼을 앞둔 문호와 선영. 문호 부모님께 인사를 드리러 가는 도중 잠시 휴게소에 들른다. 선영은 문호에게 커피 한 잔을 사다 달라 부탁한다.

빗줄기가 제법 굵은데도 문호는 금방 다녀오겠다며 덜컥 차에서 내립니다. 선영은 문호에게 우산을 건네 보지만 수더분한 문호는 두 손을 우산 삼아 휴게소로 뛰어가죠. 두 사람이 얼마나 다른 성격을 가졌는지가 벌써 느껴집니다. 문호 부모님에게 드릴 선물에 관한 대화에서도 문호와 선영의 차이가 잘 드러나요.

뭐든 대충대충 걱정 없이 흘려보내는 문호와 달리 선영은 사소한 것 하나하나에 신경 쓰고 미리 걱정합니다. 문호가 왜 이렇게 사람 말을 못 믿냐, 좀 믿고 살자고 말한 데에는 이유가 있겠죠. 그동안 선영이 어떤 말도 쉽게 믿지 않는 태도를 보여왔다는 건데요. 선영은 당장의 행복보다도 장담할 수 없는 미래에 대한 불안감과 불확실성에 대한 공포를 더 크게 느끼는 걸로 보여요.

양손에 커피를 든 문호는 발걸음을 재촉합니다. 하지만 자신을 기다리고 있을 줄 알았던 선영은 온데간데없이 사라져 버렸죠. 차 안에는 우산 하나만 덩그러니 놓여 있습니다. 세심한 선영이 우산조차 챙기지 못한 채 사라져야만 했던 이유는 무엇일까요? 문호는 선영이 실종되었다고 신고하고선 전직 형사인 사촌 형 종근을 찾아갑니다. 사라진 약혼녀를 찾아봐 달라는 문호의 부탁을 받고 선영의 집을 살펴보던 종근은 수상한 점을 발견하죠. 선영의 집이 지나치게 깨끗했던 건데요. 그곳에는 물건 하나, 심지어 지문조차 남아 있지 않습니다. 종근은 선영이 스스로 사라졌을 가능성을 의심합니다. 휴게소에서 곧장 집으로 간 선영이 허겁지겁 집 안을 정리하고 어딘가로 떠났을 거라고요.

내가 알던 사람은 내가 아는 사람이 아니다

S#2. 동물 병원
선영에 관한 조사를 마친 종근은 문호에게 내용을 설명하지만 문호는 믿지 않는다.

깨끗이 정리된 선영의 집보다도 의심스러운 점은 실종 당일, 선영의 은행 잔고가 일시에 모두 출금됐다는 겁니다. 종근의 말에 따르면 선영은 돌아올 생각이 없습니다. 알고 보니 선영의 이력서는 모두 조작되어 있었고, 그가 사라진 시점은 문호의 친구로부터 전화 한 통을 받은 직후였습니다. 선영이 개인 파산한 이력을 확인했다는 내용이었는데요. 그동안 '강선영'을 사칭하며 살아온 선영이 자신도 미처 알지 못했던 강선영의 파산 이력이 드러나자 정체가 탄로 날까 봐 서둘러 도망친 것이죠.

이 장면에서 문호의 약혼녀인 '가짜 강선영'의 범죄성criminality을 엿볼 수 있습니다. 가짜 선영은 남을 사칭했을 뿐만 아니라 계획적이고 치밀한, 숙련된 범죄자의 모습을 보여 주고 있어요. 지금까지 계속해서 여러 범죄를 저질러 왔음을 의심해 볼 수 있는 거죠.

수상한 정황은 여기서 끝이 아닙니다. 진짜 선영은 현재 실종 상태예요. 그가 사라진 시점은 그의 어머니가 사망해 보험금을 탄 직후였죠. 종근은 진짜 선영의 실종과 그의 어머니가 사망한 일 모두에 가짜 선영, 즉 문호의 약혼녀가 연관돼 있다고 추정합니다.

내가 알던 사람이 내가 아는 사람이 아니라는 사실을 알게 된다면 어떨 것 같으세요? 이름, 나이, 직장, 과거까지 전부요. 심지어 상대는 결혼을 약속한 사랑하는 사람이에요. 믿을 수 없겠죠. 믿고 싶지도 않을 테고요. 문호가 바로 그런 반응을 보여 주는데요. 가짜 선영이 문호에게 저지른 가장 큰 죄는 사람을 더 이상 믿지 못하게 만든 죄가 아닐까요? 문호의 삶을 파괴한 거나 다름없다고 생각해요.

종근은 가짜 선영이 과거에 다니던 직장에서 그의 정체를 확인합니다. 가짜 선영의 진짜 이름은 '차경선'이었죠. 경선은 고객 명단에서 빼돌린 진짜 선영의 정보를 이용해 약 2년간 선영을 사칭하며 살아왔습니다. 그러던 중 문호를 만나 선영으로서 결혼까지 약속했죠. 종근은 경선이 단순히 명의만 도용하지는 않았을 거라는 의혹을 품습니다.

S#3. 선영의 고향
선영 어머니의 죽음에 관해 조사하던 종근. 경선이 선영의 어머니를 살해했을 가능성을 의심한다.

선영 어머니는 계단에서 낙상으로 사망했습니다. 종근은 사고 장소를 둘러보며 경선이 선영의 어머니를 밀쳐 죽이는 장면을 떠올리죠. 하지만 경선에겐 알리바이가 있었습니다. 사고 당시 병원에 입원한 상태였던 거예요. 문호는 안도하며 경선에 대한 의심을 거둡니다. 이 장면을 보니, 사랑하는 사람이 살인자일지 모른다는 의혹이 피어오른 순간 문호가 느꼈을 두려움의 크기를 감히 가늠할 수 있을까 싶었어요.

그런데 범죄 사건을 많이 본 입장에서는 경선이 그때 병원에 있었다고 해서 알리바이가 확실하다고 말할 순 없어요. 병원 기록에 남아 있진 않지만 경선이 몰래 외출을 했을지도 모를 일이죠. 선영 어머니가 사망하면서 거액의 보험금이 나왔고 보험금을 받은 후 선영이 실종된 상황이잖아요. 이후 경선은 선영의 이름을 대신 사용하며 살아왔죠. 정확한 사실은 수사를 통해 밝혀야겠지만, 사칭으로 범죄성을 보인 경선이 사건에 개입했을 가능성이 있다는 건 종근으로서는 타당한 추론입니다.

개인적으로 이 장면에서 가장 인상적이었던 부분은 선영의 어머니를 밀치는 경선의 표정이었어요. 물론 종근의 상상 속 모습이지만 저는 그 표정에서 그야말로 범죄자의 얼굴을 봤는데요. 경선은 살인이라는 범죄를 저지르면서 계단 아래로 굴러 떨어지는 피해자의 뒷모습을 빤히 쳐다봐요. 눈빛에는 일말의 죄책감도 담겨 있지 않죠.

실제 범죄자들에게 '피해자에게 미안하지 않냐'라고 물어본다면 어떤 대답이 돌아올까요? 13명을 살해한 연쇄 살인범 정남규는 '미안하지 않다'라고 답했어요. 오히려 '더 많이 못 죽여 한이 된다'라는 말까지 했죠. 실제로 많은 범죄자가 오히려 자신이 피해자라는 피해 의식을 느껴요. 이 세상이 자신에게 힘든 삶을 안겨 줬기 때문에 범죄자가 됐다는 논리예요. 피해자에게 미안해할 필요성 자체를 느끼지 못하죠.

영화 속 경선의 표정을 보면 무슨 생각을 하고, 어떤 감정을 느끼는지 파악하기가 좀처럼 쉽지 않습니다. 감정이나 행동이 제한적으로 드러난다고 생각했는데요. 반복된 불행을 겪으면서 학습된 무기력이 체화된 상태가 아닐까 싶어요. 경선은 돌아가신 부모님의 사채 빚을 홀로 떠안은 채로 평생 사채업자에게 시달렸어요. 이 문제 때문에 사랑하는 남자와 결혼했음에도 결국 이혼당했죠. 원치 않은 불행으로 가득 찬 삶에서 도망치고자 경선이 택한 방법은 다른 사람의 삶을 훔치는 것이었습니다.

언제든지 도망갈 준비를 하고 있는 경선은 그 어떤 일이 일어나도 크게 놀라지 않아요. 이미 반쯤 포기했다는 듯한 태도를 보이죠. 자신 때문에 희생된 피해자들에게 큰 관심이 없을 거예요. '내 불행이 너무 커서 남의 불행을 돌볼 겨를이 없다'라고 생각할 테죠.

우리는 타인의 의도를 모른다

S#4. 평화시장

선영의 친구를 찾아간 종근과 문호. 선영의 스토킹 피해 사실을 듣게 된다.

경선이 선영의 신분을 도용하기까지 꽤 오랫동안 선영의 주변을 맴돈 것으로 보입니다. 선영은 실종되기 전 장난 전화, 우편물 훼손과 분실 등의 피해를 겪었는데요. 어머니가 돌아가신 뒤 유골을 모실 납골당을 알아 보던 시기였습니다. 선영의 친구는 종근에게 납골당에서 찍은 선영의 사진을 보여 주고, 종근은 누가 찍은 사진인지 묻습니다. "현장 답사 간 날 만난 사람이 찍어 줬겠죠. 둘이 급 친해졌대요"라는 대답이 돌아오죠.

선영의 사진을 찍어 주고 이후 '급 친해진' 사람은 바로 경선입니다. 선영이 어머니를 잃고 심정적으로 굉장히 혼란스러운 상황에 놓여 있을 때 의도적으로 접근했음을 알 수 있는데요. 이 장면에서 '급 친해졌다'라는 대사가 제 귀에 확 꽂히더라고요. 누군가 자신을 지켜본다는 느낌을 계속 받고 있는 와중에 전혀 몰랐던 사람과 어느 순간 갑자기 친해진다? 혹시 저 사람이 나한테 의도를 가지고 다가오는 게 아닌가 하는 의심과 공포가 피어오르진 않나요?

한편 경선의 실체가 드러날수록 문호의 질문은 '대체 넌 누구야'에서 '대체 왜 그랬어'로 바뀌어 갑니다. 전 이 시점부터 문호가 경선에게 거리 두기를 시작했다고 봤어요. 누군가가 나에게 안 좋은 일을 저지른다면 어떤 질문이 가장 먼저 떠오를까요? '나한테 왜 그랬을까?'라는 생각이 들 거예요. 단순 실수로 인해 벌어진 일인지 처음부터 나쁜 의도를 갖고 일부러 벌인 일인지, 즉 의도가 궁금해지겠죠. 문호는 경선이 일부러 죄를 지었다기보다는 상황 때문에 어쩔 수 없이 그랬을 뿐이라 믿고 싶어 하는 거 같아요. 자신에게 적의를 갖고 일부러 한 행동은 아니라는 건데요. 자신과 경선을 분리함으로써 스스로 상처를 덜 받을 수 있는 방패막이를 세우고 있는 건 아닐까요.

"나 사람 아니야."

S#5. 동물 병원
경선의 행방이 여전히 묘연한 상황. 문호는 동물 병원 손님인 호두 엄마의 소식을 듣게 되고 수상함을 감지한다.

'호두 엄마'는 시골에서 3년째 혼자 살고 있어요. 부모님이 모두 사고로 돌아가신 이후 우울증 치료를 받으며 힘든 시간을 보냈죠. 최근 들어 알 수 없는 이유로 우편물이 없어지고 뜯기는 일이 발생해 불안해하던 차에, 자신의 고양이를 구해 준 사람과 갑작스레 친해져 같이 여행을 간다고 해요. 낯익은 상황이죠? 선영이 실종되기 전의 상황과 굉장히 유사합니다. 우편물을 통해 범행 타깃의 정보를 획득한 후 심리적으로 취약해졌을 때 접근하는 경선의 범행 패턴을 엿볼 수 있는데요. 문호도 이를 감지한 것으로 보입니다.

경선의 마음속에는 문호가 절대 상상할 수 없는 부분이 있어요. 어느 여름날 자신이 운영하는 동물 병원 앞에서 우연히 경선을 만난 문호는 상대방을 순수한 설렘으로 대했을 거예요. 그리고 사랑에 빠졌죠. 그렇다면 같은 순간, 경선은 과연 어떤 생각을 가장 먼저 떠올렸을까요? 제가 보기엔 아무 생각도 하지 않았을 거 같아요. 문호가 아이스크림을 건네며 호감을 표하기 전까지는요. 문호는 남성이라 경선이 신분을 도용할 수 없는 존재이니, 어떤 생각도 감정도 가질 필요가 없었겠죠.

경선의 삶은 생존 위협의 연속이었어요. 돌파구로 선택한 방법은 남의 삶을 훔치는 것이었죠. 사람을 대하는 그의 기준은 '이 사람이 나의 다음 범행 타깃이 될 수 있는가'예요. 그렇기 때문에 호두 엄마를 대상으로 범행을 저지르려는 시도가 더욱 잔인한 거죠. 호두 엄마는 문호와 관련된 사람이잖아요. 경선이 문호까지도 이익을 취하기 위한 수단으로 여겼다는 점이 이 장면에서 드러난다고 생각해요.

S#6. 용산역
호두 엄마를 찾아 용산역으로 달려간 문호는 그곳에서 경선
과 마주한다.

문호의 예상대로 경선은 호두 엄마를 만나러 용산역으로 향
하고 있었습니다. 저 아래에서 에스컬레이터를 타고 용산역으
로 올라오는 경선을 발견하죠. 경선 역시 문호가 알아봤음을
눈치챕니다. 하지만 발길을 돌려 도망치지 못하고 에스컬레이
터에 가만히 몸을 맡겨 둘 뿐입니다. 경선의 학습된 무기력이
다시 한번 드러나는 모습이 아닐까 싶은데요.

그토록 찾아 헤매던 경선을 마침내 마주한 문호는 가장 먼
저 "잘 지냈어?"란 인사를 건넵니다. 경선이 아무 말 없이 가만
히 쳐다보자 문호는 그동안 쌓아왔던 질문들을 쏟아내기 시작
해요.

  - 너 대체 누구야? 네가 사람이야, 어? 네가 사람이야!
  - 나 사람 아니야. 나 쓰레기야.

이 장면에서 두 사람이 나누는 대화를 듣다 보니 전율이 느
껴졌는데요. 그중 주목하고 싶은 대사는 경선의 "나 사람 아니

야. 나 쓰레기야"입니다. 범죄자들이 전형적으로 하는 말이기도 하거든요. 1990년대 중반, 연쇄 살인을 일삼은 범죄 조직 지존파의 행동대장 김현양도 비슷한 말을 했습니다. "난 인간이 아니야. 그래서 다 잡아 죽이려고"라고요. 세상에서 제일 무서운 사람이 바로 스스로를 인간이 아니라고 말하는 사람이 아닐까 싶은데요. 사람이 아니면 세상에 못 할 것도 없겠죠.

경선 역시 자신을 비인격화하고 있습니다. 위 대사는 경선의 상황을 보여 주는 대사이기도 하지만 그 안에서 묘한 감정이 느껴지기도 했는데요. 자신을 나쁜 사람으로 만들어 문호의 혼란을 덜어 주려 하지 않았을까 싶었어요. 버림받고 버리는 데 익숙했던 경선이 처음으로 끝까지 자신을 찾아 준 단 한 사람을 마주한 장면이잖아요. 사실 강선영이란 이름을 버리기로 결심한 이후로 경선의 안중에 문호는 없었을 거예요. 그런 문호에게 선영이 흔들렸을 수도 있겠다는 생각이 들더라고요. 문호에 대한 경선의 마음을 여러분은 어떻게 읽으셨나요?

그런데 한편으로는 경선의 과거가 참 우리를 혼란스럽게 하죠. 경선을 극한으로 몰고 간 불행은 경선이 의도한 것도 바란 것도 아니었으니까요. 그러나 범죄로 상황을 해결하고자 한 사람은 경선 자신이에요. 경선의 과거가 그의 범죄를 정당화할 수는 없겠죠. 다만 '차경선은 참 나쁜 사람이다'에서 끝낼 것이

냐, 다시 일어날 길이 없는 사람에게 사회가 무엇을 해야 할지
를 생각하느냐는 또 다른 문제일 거예요. 이런 고민이 범죄를
예방하기 위한 다음 고민으로 이어진다면 〈화차〉를 다시 본 의
미를 더 깊게 새길 수 있지 않을까요.

지선의 시선 - 타인의 친절을 의심하지 않는 세상

〈화차〉의 관람 포인트는 현시점에 이 영화를 재소환하는 사
람이 많은 이유에 대해 생각해 보는 거였는데요. 저와 함께 〈화
차〉를 감상한 여러분의 생각은 어떤가요?

경선은 반복해서 다른 사람의 신분을 도용하며 살아왔어요.
그들의 개인 정보를 이용했기 때문에 가능했죠. 경선은 내내
피해자 주변을 맴돌다 적당한 타이밍에 접근해 삶을 송두리째
빼앗는데요. 이는 영화 속에서만 일어나는 일도, 10년 전에만
있었던 일도 아닙니다. 현재의 우리가 갖고 있는 현실적인 공
포와 영화 속 상황이 맞닿아 있다고 생각해요.

우리는 이 세상을 함께 살아가잖아요. 주변 사람들과 관계를
맺고 새로운 사람을 내 삶으로 들이면서 생활하죠. 그런데 어
느 순간부터 새로운 만남을 두려움으로 여기는 사람이 늘어나
는 것 같아요. 사회에 불신이 팽배하다는 건 그만큼 불안과 공

포가 만연하다는 뜻 아닐까요. 내가 힘들어할 때 친절을 베풀며 다가오는 사람의 숨은 의도를 고민하지 않아도 되는 세상이 오길 바라면서 영화 〈화차〉의 감상을 마무리하겠습니다.

5장

이건 음악 영화가
아니라
스릴러 영화다!

〈위플래쉬〉

Jisun Cinemind

위플래쉬

(Whiplash, 2015)

뉴욕의 명문 셰이퍼 음악학교에서 최고의 스튜디오 밴드에 들어간 신입생 앤드루는 플레처 교수를 만나 드럼을 배우게 된다. 최고의 지휘자였지만 폭군이었던 플레처 교수는 정신적, 육체적 학대로 앤드루를 몰아붙인다. 메인 드러머 자리를 차지하고 플레처 교수에게 인정받기 위해 앤드루 또한 광기 어린 연주를 계속한다. 선댄스 영화제 심사위원 대상과 아카데미 시상식 남우조연상, 음향상 등을 수상했다.

장르	드라마, 음악, 스릴러
감독	데이미언 셔젤
각본	데이미언 셔젤
등장인물	앤드루 네이먼 역 : 마일즈 텔러 테런스 플레처 역 : J.K. 시몬스

〈위플래쉬〉는 음악 영화죠. 영화와 같은 이름의 재즈 연주곡이 극 중에서 인상적으로 나오는 만큼, 제목을 듣고 이 곡을 떠올리시는 분들이 많을 것 같네요. 저에겐 영화 속 음악만큼이나 대사가 강렬하게 다가왔습니다. 플레처 교수가 드러머 앤드루 네이먼을 향해 쏟아내는 말들이 무시무시하다고 느끼지는 않으셨나요? 둘 사이의 관계가 단순한 스승과 제자의 관계가 아니라는 생각이 든 순간, 제 눈에는 이 영화가 스릴러로 보이기 시작했습니다.

플레처가 하는 말과 행동이 네이먼의 심리를 어떻게 지배하는지, 플레처에게 종속된 네이먼이 어떻게 변해가는지에 집중해 보시면 장면들의 의미를 새롭게 발견하실 수 있을 거예요. 지금부터 심리 스릴러 영화 〈위플래쉬〉를 함께 보며 이야기해 볼까요?

존재하지만 보이지 않는 선택지

S#1. 영화관
아버지와 함께 영화를 보러 온 드러머 앤드루 네이먼. 플레처 교수 앞에서 자신의 연주를 들려줬던 일을 아버지에게 말한다.

영화의 주인공 네이먼은 세계 최고의 드러머를 꿈꾸며 뉴욕의 명문 셰이퍼 음악학교에 입학한 신입생입니다. 아직은 교내 평범한 밴드에서 메인 드러머의 악보나 넘겨 주는 신세죠. 그런데 어느 날 교내 최고 밴드의 지도 교수인 플레처가 네이먼에게 관심을 보입니다. 네이먼이 얼마나 들떴을지 짐작하실 수 있겠죠?
연주해 보라는 플레처의 말에 네이먼은 드럼을 치기 시작합니다. 플레처는 몇 초 듣지도 않고 말없이 자리를 떠나 버려요. 이후 아버지와 함께 영화를 보러 간 네이먼은 낙담한 표정으로 이 일을 이야기합니다. 두 사람의 대화를 잠깐 들어 볼게요.

- 다른 진로도 많잖니. 사는 게 그래. 내 나이가 되면 알 거다.

– 무슨 뜻이에요? 다른 진로라뇨.

앞으로 영화가 어떻게 전개될지를 보여 주는 복선 같은 대화
라고 생각해요. '진로'라고 번역된 표현의 원문은 'option'이었
거든요. 그렇다면 아버지는 직업에 대해서만 이야기하진 않았
다고 볼 수 있죠. 음악만을 바라보는 아들에게 인생에는 다른
선택지도 많다고 말하려 했던 것 같습니다. 하지만 네이먼은
다른 선택지란 자신에게 존재하지 않는다고 답합니다. 정말 그
럴까요?

제가 요즘 연애 프로그램을 정말 열심히 보는데요. 출연자분
들이 '나에겐 이 사람밖에 없다'라는 태도를 보일 때가 있어요.
밖에서 보는 시청자의 관점은 다르잖아요. 상황을 더 넓게 보면
좋을 텐데 안타깝다는 마음이 들곤 합니다. 하지만 막상 출연자
와 같은 상황에 놓인다면 다른 선택지가 잘 보이지 않겠죠.

네이먼의 처지도 비슷합니다. 드럼을 쳐야만 한다는 생각에
빠져서 그 밖의 방향으로는 눈을 돌리지 못해요. 네이먼이 왜
다른 선택지를 고려하지 못하는지, 그 점이 네이먼의 삶을 어
떤 방향으로 이끌게 될지 생각하면서 이어지는 내용을 살펴보
시면 좋을 거예요.

심리적 지배가 시작되다

> S#2. 나소 밴드 연습실
> 갑작스레 나소 밴드 연습실에 들이닥친 플레처. 학생 몇 명
> 에게 연주를 지시한다. 이후 네이먼을 불러내 다음 날 오
> 전 6시까지 자신이 지도하는 밴드 연습실에 오라고 말하는
> 데……

나소 밴드는 네이먼이 속해 있는 교내 밴드입니다. 담당 교
수가 따로 있는데, 갑자기 플레처가 들어와 "May I(실례하지)"
라고 말하더니 담당 교수의 대답은 듣지도 않고 몇몇 학생에게
연주를 시킵니다. 심지어 인격 비하에 성희롱까지 하면서요.
저 같으면 플레처가 문을 쾅 열고 들어온 그 순간에 내보냈을
거예요. 하지만 담당 교수는 아무 대꾸 없이 물러섭니다. 마치
예상이라도 한 것처럼요. 아마 처음 벌어진 상황이 아닐 거예
요. 과거에 플레처를 제지했다가 나쁜 결과가 돌아온 탓에 포
기하게 되지 않았을까 싶습니다.
　플레처는 자기애가 강한 사람입니다. 자기중심적인 성향이
강한 사람은 본인의 이미지 관리를 굉장히 중요하게 생각합니
다. 매번 안하무인격으로 행동하지는 않아요. 필요할 땐 누구

보다 정중한 태도를 보이죠. 플레처는 이 강의실 안에서는 예의를 차릴 필요가 없다고 판단한 겁니다.

S#3. 스튜디오 밴드 연습실
텅 빈 스튜디오 밴드 연습실에 도착한 네이먼. 당황한 그는 연습실 스케줄표를 확인한다.

네이먼은 새벽 6시까지 오라는 플레처의 지시에 따라 연습실로 부리나케 달려갑니다. 하지만 연습실에는 아무도 없었어요. 스케줄표에는 연습 시간이 오전 9시부터라고 쓰여 있었죠. 정말 황당하지 않나요? 플레처는 시계 초침까지 9시 정각을 가리켰을 때 연습실에 나타납니다.

플레처가 등장함과 동시에 연습하던 학생들은 자리에서 벌떡 일어나고, 연습실엔 긴장감이 감돕니다. 네이먼은 플레처를 보자마자 왜 6시까지 오라고 했는지 묻고 싶었을 거예요. 하지만 그럴 수 있는 분위기가 아니었죠. 네이먼은 플레처를 그저 바라보기만 합니다. 플레처 때문에 피해를 입었지만 이의를 제기하지 못함으로써 플레처의 잘못된 행동을 받아들인 셈이에요. 네이먼을 향한 플레처의 심리적 지배는 바로 이렇게 시작됩니다.

이어서 스튜디오 밴드는 '위플래쉬'라는 곡 연습에 들어갑니다. 도중에 누군가가 음정을 틀리는 실수를 하고 말죠. 틀린 학생은 자수하라는 플레처의 말에 누구도 입을 열지 못합니다. 트롬본 소리에 문제가 있다고 지적한 플레처는 트롬본 연주자 중 한 명인 메츠에게 폭언을 퍼붓고 밴드에서 쫓아냅니다. 그런데 사실 음정을 틀린 사람은 에릭슨이었어요. 플레처는 진실을 알고도 메츠를 내보냈고 에릭슨은 밴드에 남겨 뒀습니다. 왜 그랬을까요?

만약 메츠가 당당하게 자신은 틀리지 않았다고 말했다면 결과는 달라졌을까요? 저는 그랬을 거라고 생각해요. 메츠의 말을 수용한 플레처가 또 다른 학생을 지목했겠죠. 소위 '불링 bullying'이라고 불리는 괴롭힘 행위의 비겁한 지점은 약자를 노린다는 점이에요. 플레처 역시 가장 취약한 타깃인 메츠를 본보기 삼아 학생들에게 자신의 권위를 과시한 것이죠. 메츠가 연습실에서 나간 뒤 플레처의 표정에는 만족감과 여유가 깃들어요. 굳이 에릭슨까지 쫓아낼 필요성을 느끼지 못한 이유도 동일하지 않을까 싶네요.

이 장면에서 드러나는 플레처의 또 다른 성격 특성은 강박입니다. 손 닿는 모든 대상을 장악하려는 심리의 바탕에는 불안이 깔려 있어요. 통제하지 못하면 무너질 거라는 두려움을 안고 사는 것이죠. 자신에 비해 약자인 학생들을 학대로 지배하려는 모습 이면에는 심한 불안감과 열등감이 존재합니다.

가해자가 아닌 피해자를 탓하는 이유

S#4. 연습실 복도
플레처는 연습 준비를 하고 있는 네이먼에게 다가가 다정하게 말을 건넨다.

누명을 쓴 메츠를 다른 학생들은 어떻게 생각하고 있을까요? 쉬는 시간을 맞은 학생들은 "군것질할 시간에 트롬본 연습이나 하지"라며 메츠를 탓합니다. 메츠에게는 잘못이 없다고 플레처가 말했는데도요. 메츠라는 희생양을 이용해 플레처에 대한 공포를 덜어 내고 싶었겠죠. 사회심리학에서 '공정 세상 신념'이란, 세상은 공정하기 때문에 '좋은 일은 착한 사람', '안 좋은 일은 나쁜 사람'에게 생긴다고 생각하는 신념을 말합니다. 여기서도 마찬가지로 메츠가 잘못했기 때문에 피해를 당했고, 나는 저런 일을 당하지 않을 것이라 믿는 거죠. 스스로를 안심시키기 위해 피해자를 탓하며 불안을 줄이고자 하는 무서운 심리적 기제의 작용이죠.

복도 한구석에서 다음 연습을 준비하고 있는 네이먼에게 플레처가 다가가 개인적인 질문을 합니다. 평소 학생들과 거리를 두는 플레처답지 않은 모습이었죠.

- 부모님은 음악가시니?
- 아뇨. 아버지는 작가고 사실 교육자에 가까워요. 어머니는 어렸을 때 떠나서 잘 모르고요.
- 마음 편하게 가져. 남들이 뭐라든 신경 쓰지 마. 넌 꿈이 있어서 여기 왔잖아. 말해 봐.
- 전 꿈이 있어서 왔어요.

저는 이 대화를 듣고 소름이 끼쳤어요. 1990년에 발생했던 부산 낙동강변 살인 사건을 기억하시나요? 엄궁동 갈대밭에서 시신으로 발견된 여성을 살해한 혐의로 두 명의 용의자가 검거됩니다. 이들은 조사 과정에서 범행을 자백해 수감 생활을 했어요. 그런데 21년 후 재심이 열렸고 두 사람은 무죄 판결을 받았습니다. 수사관들의 고문과 가혹 행위로 용의자들이 허위 자백을 했다는 사실이 밝혀졌기 때문이죠. 현재 해당 사건은 미제 상태로 남아 있습니다.

수사관들이 조사 중에 '혹시 집안에 공무원이 있나?'라는 질문을 했다고 합니다. 수사관이 한 질문은 '당신에게 해를 끼치면 안되는 이유가 있는지, 내가 조심해야 할 사람이 있는지?'에 관한 질문이었던 셈입니다. 플레처가 네이먼에게 한 질문과 비슷하다는 생각이 들지 않으세요? 호구조사를 거쳐 네이먼이 심리적 지배 대상으로 적합한지 판단했다고 볼 수 있죠.

꿈이 있어서 여기에 왔음을 기억하라는 말 역시 섬뜩한 대사입니다. 그 뒤에 생략된 문장이 있기 때문이에요. 플레처는 네이먼에게 전설적인 재즈 음악가인 찰리 파커의 이야기를 들려줍니다. 그가 초보 연주자였던 시절 엉망으로 연주를 마치자 동료였던 조 존스가 그에게 심벌즈를 던졌고, 이를 계기로 찰리 파커가 각성해 전설이 될 수 있었다는 것이죠. 꿈을 이루려면 시련을 통과해야 한다는 의미입니다. 자, 이제 눈치채셨나요? "넌 꿈이 있어서 여기 왔잖아" 뒤에는 "그러니까 무슨 일이 벌어지든 견뎌", "꿈을 이루고 싶다면 내 말을 들어"라는 말이 숨어 있지는 않을까요? 플레처가 감춘 말이 어떻게 드러날지 상상하면서 다음 장면을 보시죠.

S#5. 스튜디오 밴드 연습실
다시 시작된 연습. 네이먼은 스튜디오 밴드에서의 첫 드럼 연주를 선보인다. 하지만 플레처는 템포가 틀렸다고 지적하더니, 의자를 집어 던지고 뺨을 때리면서 네이먼을 몰아붙인다.

네이먼이 드럼을 치자 플레처는 자신이 요구하는 템포에 맞추라고 하면서 언어적 폭력은 물론이고 신체적 학대까지 가합니다. 네이먼에 대한 플레처의 학대가 본격적으로 시작되는 장면입니다. 심리적 지배를 당하는 피해자들이 종속 관계에서 빨리 빠져나오지 못하는 이유를 이 장면에서 엿볼 수 있어요.

많은 사람 앞에서 모욕을 당한 네이먼의 자존감은 바닥으로 떨어졌겠죠. 하지만 어떤 학생도 그를 도와주지 않습니다. 메츠처럼 고립된 거예요. 동료 모두에게 외면당하는 경험을 했고, 가족이나 다른 사람에게도 이 일을 알리고 도움을 청하기가 어려워집니다. 플레처가 바라는 결과죠. 네이먼이 고립될수록 종속 관계를 더욱 강화할 수 있으니까요.

네이먼은 아버지의 연락을 무시하면서까지 홀로 연습에 매진합니다. 방을 드럼 연습실로 꾸미고 손에서 피를 흘리면서도 연습을 계속해요. 네이먼이 스스로 자책하는 단계에 이르렀다고 볼 수 있는데요. 자신이 달라지면 플레처의 괴롭힘을 피할 수 있다고 생각하는 거죠.

경쟁에서 살아남기 위한 잔인한 노력

S#6. 오버브룩 재즈 경연대회

메인 드러머인 테너는 경연에서 연주해야 할 〈위플래쉬〉 악보를 잃어버린다. 악보를 다 외우고 있던 네이먼이 테너 대신 무대에 오르고, 플레처는 메인 드러머를 네이먼으로 바꾼다.

네이먼은 말 그대로 '피나는' 노력을 거쳐 메인 드러머 자리에 오릅니다. 이 장면에서 눈여겨봐야 할 부분은 네이먼과 테너의 자리가 바뀌었다는 사실을 믿을 수 없다는 듯 바라보는 학생들의 표정이에요. 메인 드러머 교체가 두 드러머만의 일이 아니라는 뜻입니다. 다른 학생들 또한 언제 어떻게 누군가와 교체될지 모른다는 두려움을 느꼈을 거예요.

플레처가 그리고 있는 큰 그림은 아직 완성되지 않았습니다. 메인 드러머가 된 네이먼이 기쁨에 젖어 있던 그 순간, 코널리라는 새로운 경쟁자가 등장합니다. 플레처는 코널리에게 네이먼을 '임시 메인'이라고 소개하죠. 네이먼은 가슴이 철렁했겠지만 플레처는 학생들이 마음을 다치든 말든 전혀 관심을 두지 않습니다. 메인 연주자가 되길 원한다면 알아서 노력하라는 메시지를 전달할 뿐이에요. 결국 학생들은 플레처의 기준에 맞추는 것이 밴드에서 생존하는 유일한 방법이라 믿고 플레처에게 더욱 종속되고 맙니다.

이 장면을 통해 알 수 있는 플레처의 특성은 마키아벨리즘 machiavellism입니다. 목적 달성을 위해서는 어떠한 수단이나 방법도 허용된다는 신념이에요. 이러한 사상을 지닌 리더는 조직원들에게 불신을 심어 서로 경쟁하게 만듭니다. 진짜 적은 불필요한 경쟁을 부추기는 리더임에도 불구하고 약자인 조직원들은 서로를 적으로 여깁니다. 플레처 밴드의 연습실에서 벌어지는 상황과 똑같죠.

S#7. 재즈 바
더넬런 경연 당일, 경연장으로 향하던 네이먼은 사고를 당해 피투성이가 된 몸을 이끌고 무대에 오르지만 연주를 제대로 하지 못한다. 플레처가 해고 통보를 하자 무대 위에서 플레처를 폭행한 네이먼은 학교를 그만두고, 한 재즈 바에서 우연히 플레처와 마주친다.

네이먼과 플레처는 오랜만에 마주 앉아 대화를 나눕니다. 알고 보니 네이먼만이 아니라 플레처도 학교를 그만뒀는데, 누군가의 고발로 쫓겨났다고 합니다. 이 소식을 전하면서 플레처는 자신의 의도를 아무도 몰라줬다며 서운함을 표현합니다. 조 존스가 찰리 파커를 일깨웠듯이 학생들이 한계를 뛰어넘을 수 있도록 도와주고 싶었다는 것이죠.

플레처는 '굿 잡(잘했어)'보다 해로운 말은 없다고 합니다. 칭찬을 동력으로 삼는 사람도 있고 질책을 동력으로 삼는 사람도 있겠죠. 여러분은 어떠신가요? 저는 교수라는 직업을 갖고 있지만 가끔은 학생으로서 수업을 듣거든요. 그럴 때면 여전히 선생님의 칭찬을 받고 싶다는 마음이 들어요. 학생은 배우는 위치잖아요. 내가 지금 잘하고 있는지 아닌지 확신하기 어려울 수밖에 없죠. 그래서 플레처가 '굿 잡'만큼 해로운 단어가 없다고 말한 것에 대해 동의하지 않습니다.

플레처는 '내 방식에 대해 사과할 마음이 없다'라는 말로 대화를 마무리 짓습니다. 네이먼에게 한 행동 역시 네이먼을 위해서 한 일이니 미안해할 필요가 없다고 여기며 자신의 행동을 정당화합니다. 그 말을 네이먼은 어떻게 받아들였을까요? 그는 플레처를 한 번 더 믿기로 합니다.

나의 가치를 일깨워 주는 단 한 사람의 존재

S#8. 카네기 홀

> 플레처의 제안으로 JVC 페스티벌 무대에 오른 네이먼. 하지
> 만 약속과는 달리 네이먼이 전혀 모르는 곡이 연주된다. 결
> 국 연주를 망친 네이먼은 무대에서 내려가지만, 기다리고 있
> 던 아버지가 안아 주며 위로하자 다시 무대로 돌아간다.

플레처를 믿었던 네이먼은 다시 한번 좌절하게 됩니다. 자신을 고발한 사람이 네이먼이라고 믿고 있는 플레처가 일부러 네이먼을 함정에 빠트린 것이죠. 제가 보기에 플레처의 이 행동은 이전까지 플레처가 보인 태도와 모순됩니다. 네이먼이 연주를 망치면 네이먼뿐 아니라 총책임자인 플레처도 피해를 입을 수밖에 없어요. 누군가는 복수를 위해 자신을 해치는 선택을 합니다. 그렇지만 플레처는 자기애가 강하기 때문에 손해를 감수하면서까지 복수를 행하지는 않을 것으로 보여요. 실제로는 개연성이 낮은 장면이라고 생각합니다.

이 장면에서 가장 중요한 부분은 네이먼이 포기하고 돌아선 순간 그를 따듯하게 안아 준 아버지라는 존재입니다. 크나큰 좌절을 맛본 네이먼이 다시 무대로 돌아갈 수 있었던 이유는 아버지의 포옹으로 자존감을 회복했기 때문입니다. 자신에게 사랑받을 가치가 있음을 깨달은 것이죠. 네이먼의 변화는 여기서 끝나지 않습니다.

자리에 앉은 네이먼은 플레처의 다음 곡 소개가 끝나기도 전에 드럼을 연주하기 시작합니다. 어리둥절해하는 연주자들에게 네이먼은 말합니다. "제가 신호 줄게요"라고요. 플레처의 지시대로만 움직였던 네이먼은 처음으로 그 앞에서 자신의 목소리를 내고, 더 나아가 아예 무대를 지휘합니다. 그토록 가혹했던 심리적 지배해서 벗어나게 해 준 열쇠는 나의 가치를 일깨워 주는 단 한 사람의 존재였습니다.

지선의 시선 - 가스라이팅의 위험성

최근 '가스라이팅'이란 단어가 마치 일상 용어처럼 쓰이고 있죠. 그 이유를 한번 생각해 볼 필요가 있습니다. 과거에는 주로 신체적 폭력에 주의를 기울였기 때문에 언어폭력을 비롯한 정서적 학대는 상대적으로 경시됐어요. 하지만 언어폭력 역시 신체적 폭력 못지않은 수준으로 사람에게 상처를 남깁니다. 정서적 학대에 지속적으로 노출된 피해자는 우울증과 불안증에 시달리게 될 뿐만 아니라 사회성이 떨어지는 후유증을 겪기도 합니다. 사회의 규칙을 깨려 하는 반사회성, 혹은 사회적 참여를 회피하려는 비사회성을 띠게 되기도 하고요.

가스라이팅이 익숙한 용어가 된 상황의 배경에는 이러한 피해가 수면 위로 드러나고 사회적 관심이 쏠리는 과정이 있지 않았나 싶네요. 이번 〈위플래쉬〉 감상이 심리적 지배, 정서적 학대, 언어폭력의 위험성에 대해 진지하게 생각해 보는 계기가 됐기를 바랍니다.

정서적 학대emotional abuse

상대방에 직접적 물리적 손상을 가하지 않더라도, 욕설이나 모욕 등의 언어적 행위나 상대를 위협하여 두려움을 갖게 하는 등의 비언어적 행위로 정신 건강에 부정적인 영향을 주는 행위를 포함하는 개념이다. 상대를 거부하고 경멸하거나 고립시키는 등의 행동, 다른 사람과 비교하고 차별하는 행동 등이 모두 포함된다.

6장

화투판에 펼쳐진
예측불허의 심리전

〈타짜〉

Jisun Cinemind

타짜

(The War Of Flower, 2006)

화투 도박판을 배경으로 고니를 비롯해 정 마담, 아귀, 고광렬, 곽철용 등 매력적인 캐릭터들의 명대사가 가득한 영화. 주인공 고니는 전설의 타짜 평 경장을 만나게 되면서 도박에 점점 빠져든다. 드디어 타짜의 경지에 이르게 된 고니는 본격 화투판에 뛰어들어 전국을 휩쓸고 다니게 되고, 여러 인간들의 욕망이 뒤엉키며 복수가 거듭되는 화투판에서 결국 '죽음의 한 판'까지 맞이하게 된다.

장르	범죄, 드라마, 코미디, 스릴러
감독	최동훈
각본/ 각색	최동훈
원작	허영만, 김세영 《타짜 1부 - 지리산 작두》
등장인물	고니 역 : 조승우 정 마담 역 : 김혜수 평 경장 역 : 백윤식 고광렬 역 : 유해진 아귀 역 : 김윤석

지금까지 매력적인 캐릭터와 명대사로 끊임없이 회자되는 영화가 있습니다. 바로 〈타짜〉인데요. 화투를 잘 알지 못하는 사람도 금세 이 영화에 빠져드는 이유는 화투로 인간의 마음과 삶을 이야기하기 때문이라고 생각해요. 저는 〈타짜〉를 수십 번 봤거든요. 해를 거듭할수록 보이지 않던 것들이 새로 보이더라고요. 주인공 고니의 시선을 따라가다 보면 다양한 인물로부터 인생의 가르침을 받는 기분이랄까요.

영화 속에서 화투판 앞에 앉은 사람들을 자세히 관찰하면 현실 세계에서 우리가 놓치고 있던 심리를 파악할 수 있습니다. 악인의 정체를 쉽게 알아채기 어려운 이유, 나도 모르게 '호구'가 되는 이유 등을 하나씩 짚으면서 사람에 대한 시야를 넓히는 시간을 가져 보려고 해요.

평 경장이 알려 주는 인생의 법칙

S#1. 평 경장의 도박장
3년간 꼬박 모은 월급은 물론, 누나의 이혼 위자료까지 전부
도박으로 날린 고니. 집을 나온 고니는 그길로 전국의 도박
판을 떠돌기 시작한다.

오늘도 고니는 한 도박장에서 칼을 휘두르며 행패를 부립니
다. 모두가 고니를 제압하려 하는 상황에, 그 자리에 있던 전설
적인 도박꾼 평 경장은 고니를 그냥 보내 주라고 합니다. 고니
가 자신이 운영하는 도박장의 자금을 훔치려고 했는데도요. 모
르는 놈한테 왜 그러냐는 질문에 평 경장은 '갈 데까지 간 놈'이
라는 걸 잘 안다고 답합니다.

'갈 데까지 간 놈'이라는 말 속에는 두 가지 의미가 숨어 있다
고 생각해요. 흉기를 들고 설치다 보면 언젠가 남을 해칠 수도
있고, 결국 스스로를 다치게 할 수도 있는 사람이라는 뜻입니
다. 평 경장은 고니를 조건 없이 보내 주고, 후에 자신을 제자로
받아 달라는 고니의 청을 수락해 준, 파멸에 이를 수 있는 아슬
아슬한 상태의 고니의 살길을 터 준 존재입니다.

평 경장이 고니에게 선의를 베푼 이유가 뭘까요? 혹시 여러

분은 그의 과거에 대해 알고 계신가요? 펑 경장의 본명은 펑은 수입니다. 경장이란 경찰의 직급 중 하나예요. 경찰이었던 사람이 타짜가 되었다면 그동안 많은 비극을 목도하고 여러 가지를 깨달았으리라 짐작할 수 있죠. 어쩌면 고니의 모습에 갈 데까지 갔던 젊은 날의 자신이 떠올랐을지도 모릅니다.

펑 경장이 멋지다고 느끼시는 분들이 많으실 거예요. 화투에 대해서는 잘 모르더라도 펑 경장의 '도박의 법칙'은 떠올릴수록 마음속 깊이 사무칩니다. 이를테면 '낯선 자를 조심하라' 같은 말이요. 물론 모르는 사람이 나쁜 의도를 가지고 있으니 조심해야 한다는 의미도 있겠지만, 내가 상대방을 다 아는 것이 아니니까 함부로 판단하지 말라는 것처럼 들리기도 하더라고요. 그래서 펑 경장이 알려 주는 도박의 법칙은 어쩌면 '인생의 법칙'이 아닐까 해요. 여러분도 영화를 다시 보실 때 그의 말을 인생에 대입해서 보신다면 한마디 한마디가 더 와닿으실 거예요.

가장 무서운 설계자, 정 마담

> S#2. 정 마담의 사무실
> 펑 경장의 가르침으로 타짜의 기술을 완성해가는 고니. 펑 경장과 고니가 정 마담의 사무실에 도착하자 정 마담은 별안

간 수화기를 들어 통화하는 척한다.

정 마담은 수많은 인물이 저마다의 매력을 뽐내는, 〈타짜〉
안에서도 독보적인 존재감을 보이는 인물입니다. 영화를 다 보
고 나서도 잔상이 오래도록 남죠. 그런데 여러분, 놀랍게도 정
마담의 모습이 제대로 등장하는 시점은 영화가 시작하고 무려
36분이 지난 후입니다. 원작 만화에서는 정 마담의 비중이 그
리 크지 않아요. 영화에서도 상당히 늦게 등장하는데 극 전체
를 정 마담이 지배한다는 느낌이 들죠.

뛰어난 연기력 등 다양한 요인이 작용했겠지만 저는 정 마담
이 '설계자'이기 때문에 그런 느낌을 준다고 생각합니다. 마치
조커처럼요. 영화 〈다크 나이트〉 이야기를 잠깐 해 볼게요. 이
영화의 첫 장면에는 은행 강도단이 등장합니다. 각자가 금고
열기, 차량 운전 등 역할을 분담해서 은행을 털죠. 그 뒤에 이
판을 짠 설계자가 나타나 조직원들을 전부 제거합니다. 그 설
계자가 바로 조커예요. 정 마담 역시 사람들을 판에 끌어들이
고는 끝내 그들의 모든 것을 빼앗아 버립니다.

정 마담은 판을 설계하는 데 굉장히 능숙한 사람이에요. 평
경장과 고니가 정 마담의 사무실에 들어오는 장면에서 그 점이
잘 드러납니다. 정 마담은 두 사람이 들어오기 직전부터 전화

를 받는 척 연기하고 어쩔 수 없이 통화를 마치는 모습을 보여 줍니다. 사실은 아쉬운 부탁을 해야 할 상황인데, '나는 아주 바쁜 사람이고 당신들에게 제안할 일이 있어 불렀을 뿐이다'라고 포장하는 거죠. 저자세로 부탁하는 순간 상대방에게 권력이 넘어간다는 점을 익히 알고 있기에 할 수 있는 행동입니다.

평 경장과 고니를 끌어들인 정 마담은 그들과 함께 오 장군의 재산을 취하려 합니다. 정 마담의 설명에 따르면 오 장군은 퇴역 장군이고 보수적이며 침착합니다. 언뜻 보기에는 잘 속지 않을 것 같은 사람이죠. 하지만 원칙을 중요시하는 사람일수록 설계의 타깃으로 적합합니다. 행동 패턴이 일관적이기 때문에 예측하기 쉽거든요. 고니는 평소보다 더 가벼운 태도로 노래를 부르고 반말을 하며 오 장군을 도발합니다. 그런 행동을 하면 계급이 확실한 세계에서 생활했던 오 장군은 금세 화를 내겠죠. 냉정을 잃은 오 장군을 이용해 판돈을 높이겠다는 계획을 정 마담은 미리 짜 놓았을 겁니다.

〈타짜〉 속 매력적인 얼굴들

S#3. 도박장 복도 앞
고니는 돈을 충분히 따면 도박을 그만두겠다는 평 경장과의 약속을 어기고 정 마담과 함께하기로 결심한다. 이후 고니는 평 경장이 사망했다는 뜻밖의 비보를 듣게 된다.

〈타짜〉는 소리를 끄고 봐도 대사를 따라 할 수 있는 영화라는 댓글을 본 적이 있어요. 그만큼 기억에 남는 캐릭터와 대사가 많다는 의미겠죠. 고니가 만난 다양한 인물 중에서 제가 가장 사랑하는 인물은 너구리입니다. 너구리는 '돈만 받으면 된다'를 기조로 삼죠. 이상하다고 생각하실 수도 있는데 저는 그 생각을 떠올리면 힐링이 되더라고요.

일을 하다 보면 가치나 이해관계가 충돌하는 상황을 맞아서 괴로워질 때가 있잖아요. 의미 없는 일이 맡겨질 때도 있고요. '이걸 왜 하고 있을까?'라는 마음이 들 때 너구리의 말을 되새기면 오히려 마음 편히 일을 마칠 수 있더라고요. 너구리 같은 사람을 업무 파트너로 만날 때 좋은 부분도 있어요. 너구리는 이 일을 왜 해야 하느냐고 절대 묻지 않거든요. 그저 묵묵히 수행할 뿐이에요. 상대방의 의도, 이유, 동기를 고민하지 않아도 된다는 것이죠.

또 다른 인상적인 캐릭터는 고니의 애인 화란입니다. 화란이 일하는 술집에서 고니와 정 마담, 그리고 화란이 마주하는 장면이 있죠. 정 마담이 안으로 들어오자 화란은 고니를 슬쩍 바라보며 이렇게 말합니다. "고니 씨한테 들은 것보다 안 뚱뚱하시네요?" 화란은 눈치가 없는 사람일까요? 반대로 눈치가 아주 빠른 인물이 아닐까요? 정 마담 앞에서 화란은 과장된 몸짓으로 고니에게 팔짱을 끼는데요, 아마 정 마담이 가게에 들어왔을 때 이미 고니와의 미묘한 관계를 눈치챈 듯합니다. 그래서 고니와 자신이 연인 관계라는 점을 과시하고 정 마담의 외모를 평가하며 견제했던 거죠.

고니는 왜 정 마담이 아닌 화란을 택했을까요? 정 마담이 고니에게 넥타이와 셔츠를 골라 주는 장면이 있습니다. 고니는 이때 정 마담의 통제를 마땅찮게 여기죠. 반면 화란은 자신이 도와주고 지켜 줄 수 있는 대상입니다. 통제 가능한 사람이기에 고니가 선택하지 않았을까 싶습니다.

악인의 얼굴은 악하지 않다

S#4. 골프장
정 마담은 새로운 판을 설계하기 위해 또 다른 타깃을 물색하고, 50대 사업가 '호구'에게 접근한다.

정 마담은 호구를 끌어들이기 위해 예림이라는 가명을 씁니다. 호구의 옷에 음료를 쏟으면서 접근하고는 시종일관 순진한 사람을 연기하죠. 눈을 동그랗게 뜬 채로 아무것도 모른다는 듯 호구를 쳐다보다가, 본인의 사무실로 들어가서는 직원들을 모아 놓고 치밀하게 작전을 세웁니다.

이때 정 마담이 하는 일이 바로 프로파일링이에요. 호구의 습관, 나이, 성격 등을 파악해 어디를 건드려야 그를 자극할 수 있는지 추론합니다. 이를 바탕으로 직원들에게 운전기사나 지인 부부 같은 역할을 분배한 다음 무슨 말을 건네야 할지까지 일러 주면서 조직적으로 호구를 둘러싸는 판을 짜죠.

〈타짜〉를 보신 분들 중에는 정 마담에게 매력이나 연민을 느끼는 분이 많아요. 하지만 이 영화 속에 나오는 갖가지 범죄 가운데 가장 심각한 범죄를 저지른 인물이 정 마담일 거예요. 작중에는 살인 사건이 등장하죠. 피해자는 평 경장입니다. 후반부에 평 경장 살인을 교사한 진범이 정 마담이었다는 사실이 밝혀지죠.

평 경장은 정 마담이 오랫동안 인연을 이어온 스승이자 동료였습니다. 그런 사람을 죽음에 이르게 한 장본인이 정 마담인데, 사람들은 그가 살인 교사범이라고 보지 않아요. 영화 속 인물에 이어 관객에게도 자신이 악당임을 인식하지 못하게 한다는 점에서, 저는 정 마담이 가장 무서운 캐릭터라고 생각합니다.

실제 범죄자들을 봐도 비슷한 느낌을 받을 수 있어요. 악인의 얼굴은 악하지 않거든요. 우리는 흔히 악당은 얼굴에서부터 티가 날 것이라고 여기죠. 하지만 얼굴만 봐서는 사기를 쳤는지 사람을 죽였는지 파악할 수 없어요. 주변 사람들을 조사해 보면 그 사람이 그랬을 리 없다고 증언하는 경우가 많습니다.

> S#5. 선박 안
> 아귀는 정 마담을 협박해 고니를 화투판으로 데려온다. 아귀가 고니의 친구 고광렬을 인질로 삼고 그의 손목을 자르자, 고니는 결국 화투판이 벌어지는 배 안으로 발걸음을 옮긴다.

밤늦은 시간에 케이블 채널에서 〈타짜〉를 자주 방영하잖아요. 저도 늦은 시간에 채널을 돌리다가 이 영화를 처음 보게 됐는데, 홀리듯이 채널을 고정한 이유가 있어요. 아귀라는 캐릭터 때문이었습니다.

이 영화가 나오기 이전에 우리나라 영화나 드라마에 등장했던 악인은 온몸에 힘을 주는 경우가 많았거든요. 그런데 아귀의 동작에는 힘이 빠져 있습니다. 사이코패스는 감정 동요가 없는 사람이라는 의미에서 냉혈한이라 번역되기도 하는데, 아귀라는 사람이 딱 그렇습니다.

아귀는 가까운 사이였던 곽철용이 사망하자 그의 장지에 가서 국화꽃을 관 위로 무심하게 던집니다. 곽철용의 부하가 복수하고 싶다고 말하자 아귀는 이렇게 이야기하죠.

복수 같은 그런 순수한 인간적인 감정으로다가 접근하면 안 되지.

복수심은 어찌 보면 인간적이고 순수한 감정이죠. 하지만 아귀는 그런 감정에 휘둘리지 않습니다. 그저 게임을 즐기고 돈을 벌면 된다는 비즈니스적인 관점을 보여 줘요. 아귀가 자신에게 진 상대의 손목을 전리품 취하듯 자르는 데 정확한 명분은 없습니다. 그저 재미로 타인을 괴롭히는 존재예요. 범죄심리학자의 눈으로 보건대 아귀는 사이코패스의 분위기를 아주 실감 나게 풍깁니다.

고니를 불러들여 화투를 치던 아귀는 고니가 밑장을 빼서 패를 바꿔치기했다고 생각합니다. "동작 그만. 밑장 빼기냐?"라고 외치면서 고니가 더 움직이지 못하게 막죠. 고니는 자신이 속임수를 썼다면 전 재산과 손목을 걸겠다고 맞서고, 아귀 또한 덩달아 재산 전부와 손목을 겁니다. 정황상 이 내기는 처음부터 고니가 계획했던 것으로 보입니다.

원작 만화에도 이 장면이 나와요. 밑장 빼기를 들킨 고니는 일부러 말을 더듬고 당황한 척하면서 아귀를 자극합니다. 고니가 노린 것은 아귀가 속임수를 잡아내 자신 있게 자기 손목을 거는 상황이었던 셈입니다. 아귀가 상대방의 사기를 눈치채면 손목을 자르는 사람이라는 걸 평 경장에게 들어서 익히 알고 있었겠죠.

결국 아귀는 잘못된 판단으로 손목을 잃고, 고니는 정 마담의 돈을 모두 불태운 후 친구 고광렬을 데리고 선박을 빠져나옵니다.

지선의 시선 - 인생의 여러 단면을 음미할 수 있는 영화

지금까지 영화 속 다양한 인물들에 대해 이야기했는데, 고니에 대해서는 따로 다루지 않았습니다. 고니의 시선으로 바라본 세상이 곧 이 영화의 내용이니까요. 누나의 돈을 훔쳐 도박판에 들어서서, 많은 돈을 따고, 사람들에게 쫓기다가, 기차에 매달린 채 날아가는 돈뭉치를 보며 희미한 미소를 짓기까지 그는 많은 생각을 했을 겁니다. '영원한 친구도, 영원한 원수도 없다' 같은 평 경장의 가르침의 의미를 몸소 겪었겠죠.

〈타짜〉의 원작자 허영만 작가님은 매번 다채로운 소재를 다루시는데, 스토리가 소재 자체에만 머물지는 않습니다. 《식객》이 음식에 국한된 이야기가 아니었듯이, 〈타짜〉 역시 도박판에 한정된 이야기는 아니죠. 살면서 만나는 다양한 사람들과 일에 대한 태도, 동료에 대한 마음가짐, 오랜 시간을 들여 무언가를 완성하는 자세, 제자를 키우는 스승의 모습 등 인생의 여러 단면을 음미하게 해 주는 영화라고 생각합니다. 이 점 때문에 시대가 변해도 계속 사랑받고, 사람들이 후속작을 기대하는 것이 아닐까요.

7장

내가 받은
최고의 고통을
너에게

〈올드보이〉

Jisun Cinemind

올드보이

(Oldboy, 2003)

아내와 딸 하나를 둔 평범한 회사원이었던 오대수. 그는 어느 날 만취해서 집으로 돌아가던 길에 누군가에게 납치되어 15년 동안 감금된다. 그 속에서 듣게 된 아내의 살해 소식과 자신이 살인범으로 몰리게 된 상황에서 오대수는 복수를 꿈꾼다. 그러다 갑자기 풀려난 그는 횟집에서 만난 요리사 미도와 사랑에 빠지게 되고, 이우진이 자신을 가둔 이유를 밝혀내려 한다. 제57회 칸 국제영화제에서 심사위원 대상을 수상한 영화.

장르	드라마, 미스터리, 범죄, 스릴러
감독	박찬욱
각본	박찬욱, 임준형, 황조윤
원작	츠치야 가론, 미네기시 노부아키 《올드보이》
등장인물	오대수 역 : 최민식 이우진 역 : 유지태 미도 역 : 강혜정

자기 이름이 '오늘만 대충 수습하며 살자'의 준말이라고 말하는 남자 오대수. 어느 날 술에 취한 채 집으로 돌아가다가 홀연히 사라집니다. 그가 사라진 길 위로 자명종 소리와 째깍째깍 돌아가는 시곗바늘이 겹치고, 영화의 제목 '올드보이'가 드러나죠. 영화 속에서 시간이 중요한 의미를 갖는다는 사실을 짐작할 수 있는 오프닝이에요.

무려 15년이라는 긴 시간을 들여 거대한 복수극을 설계한 이우진과 그 안에서 또 다른 복수극을 펼치려 하는 오대수. 둘 중 복수에 성공하는 사람은 누구일까요? 그들은, 우리는 왜 복수를 하려는 걸까요? 복수를 위해 들인 시간은 그들을 어떻게 바꿔 놓을까요? 두 남자가 보낸 세월을 따라가면서 함께 고민해 보기로 하죠.

분노와 무력감, 그리고 복수심

S#1. 오대수가 갇혀 있는 사설 감옥 방

오대수가 감금된 지 1년 후. TV에서 한 살인 사건에 관한 뉴스가 보도된다. 피해자는 오대수의 아내로, 오대수가 유력 용의자로 지목되는데…….

길 위에서 모습을 감췄던 오대수는 웬 방에서 혼자 살고 있습니다. 어디선가 기계적인 멜로디가 울리면 방 안으로 가스가 들어와요. 가스를 마시면 잠이 들고 일어나 보면 머리가 깎여 있죠. 옷은 누군가가 갈아입힌 상태고 방은 청소되어 있어요. 방 밖으로 나가지 못하는 오대수를 바깥세상과 연결해 주는 수단은 TV 한 대뿐입니다. 이 상황만 해도 충분히 큰일인데, TV에 나오는 뉴스의 내용은 더 심각합니다.

20대 가정주부가 집에서 피살당하는 사건이 일어나죠. 피해자는 다름 아닌 오대수의 아내입니다. 유력 용의자로는 1년 전에 실종된 오대수가 지목돼요. 경찰이 오대수를 긴급 수배한 까닭은 크게 두 가지입니다. 첫째는 현장에서 오대수의 혈흔과 지문이 발견됐기 때문이에요. 사실 가족의 DNA나 지문이 집 안에서 발견되는 건 당연한 일이거든요. 그것만으로 가족이 용의자라고 특정하기는 어려워요. 하지만 실종 상태였던 오대수의 흔적이 현장에 남아 있다면 의심해 볼 여지는 있죠. 두 번째는 유일한 도난품이 가족 앨범이었기 때문입니다. 오대수의 아내를 모르는 비면식범이었다면 금품을 노렸을 가능성이 높은데, 가족에게 의미가 있는 물건을 가져갔으니 오대수를 용의선상에 올릴 만하다고 판단한 거예요.

하지만 관객들은 알고 있죠. 경찰의 추리는 틀렸습니다. 1년째 감금되어 있는 오대수가 범행을 저질렀을 리 없으니까요. 게다가 관객들은 오대수가 잠든 사이 그의 혈액을 채취하고 그의 지문이 묻은 컵을 수거하는 사람들을 목격했습니다. 오대수를 방에 가둔 납치범이 경찰에게 조작된 증거를 보여 줌으로써 오대수에게 살인 누명을 씌웠다고 추측할 수 있죠. 범인은 소식을 들은 오대수가 경악하며 울부짖기를 바랐을까요? 오대수는 문제의 뉴스를 시종일관 덤덤하게 시청합니다. 아내를 잃고 가짜 혐의를 뒤집어쓴 데다 하나뿐인 딸은 어찌 될지 모르는데, 오대수의 얼굴에는 어떤 동요도 드러나지 않아요.

처음부터 그렇게 무심하지는 않았을 겁니다. 범죄 피해자들이 일반적으로 겪는 감정의 여러 단계가 있거든요. 막 갇혔을 무렵에는 나한테 이런 일이 일어날 리 없다고 현실을 부정했을 거예요. 이후에는 억울하고 화가 났을 테고요. 그러면서 자신이 뭔가 잘못해서 이런 일이 벌어지지 않았나 하고 자책하는 단계 또한 거칩니다. 이후에는 무력감이 찾아와요. 아무리 발버둥 쳐도 상황이 바뀌지 않는다는 것을 학습했기 때문이죠. 절망에 빠진 오대수는 자살을 시도하지만 납치범은 죽음조차 허락하지 않습니다. 오대수는 사설 감옥에서 보낸 15년 동안 복수심을 키우고, 이 마음은 결국 그를 살아가게 하고 또 탈출하게 만드는 원동력이 됩니다.

죄를 모르는 채 받은 벌

S#2. 미도가 일하는 일식집
사설 감옥에서 탈출한 오대수에게 한 통의 전화가 걸려온다.

복수를 하려면 탈출이 먼저죠. 오대수는 감옥 방의 한쪽 벽 구석을 열심히 팝니다. 필사적인 노력 끝에 충분한 크기의 구멍을 뚫는 데 성공해서 막 나가려는 찰나, 어째서인지 정신을 잃고 맙니다. 그리고 한 아파트의 옥상에서 눈을 뜨죠. 스스로 탈출한 것이 아니라 누군가가 탈출시켜 준 것입니다.

실로 오랜만에 밖으로 나온 오대수는 식당을 찾습니다. 15년 동안 똑같은 중국집의 군만두만 먹었으니 다른 음식이 간

절했을 거예요. 저였다면 오랜 스트레스를 시원하게 풀기 위해서 매운 짬뽕을 먹었을 텐데 말이죠. 오대수는 일식집에 들어가 '살아 있는 음식'을 주문하고 산낙지를 먹습니다. 본인 의지대로 살 수 없었던 생활에서 벗어나 살아 있음을 실감하고 싶었던 게 아닐까 싶어요. 이제 자유를 찾았으니 삶의 이유가 된 복수를 실행할 차례죠. 하지만 오대수는 누구에게 복수해야 하는지 알지 못합니다.

복수 대상의 목소리를 듣기는 했어요. 낙지를 먹기 전에 전화 한 통을 받았거든요. 막 탈출한 자신에게 연락할 만한 사람이 한 명뿐이라는 것을 직감한 오대수는 전화를 받자마자 긴 시간 품고 있던 질문을 던집니다.

- 누구냐, 너?
- 뭐, 내가 중요하진 않아요. '왜'가 중요하지.

오대수는 넌 누구냐며 절박하게 외치지만 상대방은 차분하게 본인이 누구인지는 중요하지 않다고 대답합니다. '왜'가 중요하다는 말은 무슨 의미일까요? 오대수를 왜 가뒀는지가 이 영화의 시작이었다면 왜 풀어 줬느냐는 이 영화의 결말이 될 것 같습니다. 범인은 '왜'를 생각해 보라며 오대수가 감금된 이유를 오대수 스스로에게서 찾기를 요구합니다. 그러면서 "모래알이든 바윗덩어리든, 물에 가라앉기는 마찬가지"라는 말을 덧붙이죠. 그 말은 언뜻 보기에는 작은 무언가가 실은 큰 것이나 다름없다는 표현을 하는 것 아닐까요? 범인 역시 오대수의 잘못이 겨우 모래알에 비유할 정도의 작은 일이라는 것을 알고 있다는 의미겠죠. 그럼에도 불구하고 오대수를 탓하면서 자신의 행동을 정당화하는 범인의 심리를 엿볼 수 있는 대사가 아닐까 합니다.

아직 범인의 말 속에 숨은 의도를 모르는 오대수는 자신이 통화하는 모습을 지켜보고 있었던 일식집의 요리사 미도와 가까워집니다. 오랫동안 외롭게 살았다는 공통점을 지닌 두 사람은 모호한 범인의 정체를 함께 쫓기 시작합니다.

그의 복수는 정당한가

S#3. 상록고등학교
오대수는 모교에서 '이우진'과 '이수아'의 기록을 발견하고 친구 주환에게 두 사람에 관해 묻는다.

오대수와 미도는 추적 끝에 오대수의 모교 상록고등학교에서 범인의 이름을 확인합니다. 그의 이름은 이우진이고, 누나인 이수아는 오대수의 동기였습니다. 오대수는 동창생 주환에게 전화를 걸어 두 사람에 대해 아는 바가 있느냐고 묻죠. 주환의 말에 따르면 수아는 오대수가 전학 간 뒤 스스로 목숨을 끊었다고 합니다. 당시 수아가 '헤프다'라는 소문이 학교 전체에 퍼져 있었다는데 서울로 이사한 오대수는 그 사실을 몰랐어요. 다만 소문의 시작점이 어디인지는 짐작이 갔습니다. 본인의 입이었죠.

오대수는 고등학생 시절 낡은 창고에서 수아가 어떤 남학생과 함께 있는 모습을 목격했습니다. 두 사람이 사랑을 나누더라는 이야기를 전학 가기 직전에 주환에게만 슬쩍 했어요. 다른 사람한테는 말하지 말라고 엄포를 놓았죠. 하지만 오대수의 말은 눈덩이처럼 커져 수아가 임신했다는 이야기로 변했고, 수아를 벼랑 끝으로 내몰았습니다. 이우진은 오대수 때문에 누나를 잃고 연인을 잃었어요. 오대수가 본 수아 곁의 남학생이 바로 이우진이었던 것이죠. 이우진은 자신과 수아의 비극이 오대수의 말 한마디에서 시작되었다고 결론짓고 오대수에게 복수하리라 마음먹습니다.

지극히 주관적인 해석이죠. 복수심을 품으면 상황을 객관적으로 보기 어려워집니다. 보복 운전을 예로 들어 볼까요? 가해자가 위협적인 운전을 하는 이유는 다른 운전자에게 피해를 입었다고 판단해서예요. 상대방이 정말 피해를 입히려고 했는지, 피치 못할 사정이 생겨 대처하려다 실수했을 뿐인지 제대로 확인하지 않죠. 본인 중심으로 상황을 바라보고 해석하면 보복 운전은 정당한 행위가 됩니다. 먼저 죄를 지은 사람이 대가를 치르게 하는 것일 뿐이니까요. 이우진의 복수 역시 마찬가지입니다. 오대수의 의도와 소문이 퍼진 경위는 이우진에게 중요하지 않아요. 이우진은 잘못이 오대수에게 있다고 봅니다. 그러니 복수해야 마땅하다고 생각하는 것이죠.

앞뒤 사정을 알게 된 미도는 그까짓 말 한마디 때문에 사람을 15년이나 가두느냐고 황당해합니다. 오대수의 반응은 달라요. 모래알이든 바윗덩어리든 물에 가라앉기는 마찬가지라고 나직하게 대꾸합니다. 관찰자와 경험자의 관점 차이가 분명하게 드러나는 대목이죠. 바깥에서 관찰하는 미도 입장에서는 말도 안 되는 일입니다. 오대수에게는 소문을 퍼뜨릴 생각이 없었고 수아를 괴롭힐 의도 또한 없었으니까요. 반면 15년의 감금 생활을 직접 경험한 오대수는 자신이 내뱉었던 말 한마디의 무게를 미루어 짐작합니다. 그렇다고 해서 오대수가 이우진의 정당화를 내면화한 것은 아닐 거예요. 다만 이우진의 고통의 크기만큼을 자신에게 그대로 돌려주고자 했던 그 의도를 이해한 것으로 보입니다.

왜 풀어 줬을까?

> S#4. 펜트하우스
> 사건의 전말을 알게 된 오대수는 복수를 위해 이우진의 펜트
> 하우스를 찾아가는데, 그곳에서 이우진은 새로운 질문을 던
> 진다.

이우진의 펜트하우스 한쪽 벽에는 수아의 사진이 잔뜩 걸려 있습니다. 누나와 함께했던 시절에서 단 한 걸음도 나아가지 못한 이우진의 내면을 그대로 펼쳐 놓은 듯한 벽면이에요. 그때와 달라진 점은 복수심을 품고 살아가게 됐다는 점이죠. 복수심의 바탕에는 상처 입은 자존감을 복수로 회복하고자 하는 의지가 존재합니다. 이우진은 복수가 무너져 내린 마음을 고쳐 주리라고 기대했을 거예요. '사랑하는 누나가 오대수의 말 한 마디 때문에 죽었다'라는 문장에 처절할 정도로 매달려 온 이 우진의 복수극은 이제 하이라이트에 다다랐습니다.

자꾸 틀린 질문만 하니까 맞는 대답이 나올 리가 없잖아. '왜 이우진은 오대수를 가뒀을까?'가 아니라 '왜 풀어 줬을까?'란 말이야.

이우진은 이 말을 하면서 선물 상자를 가리킵니다. 상자 안에는 앨범이 하나 들어 있었어요. 해외로 입양됐다는 오대수의 딸 사진을 모은 앨범이었습니다. 책장을 넘기며 어린아이였던 딸이 성장해 가는 모습을 묵묵히 바라보던 오대수는 성년이 된 딸을 담은 사진을 보고 움직임을 멈춥니다. 사랑하는 여자, 미도의 얼굴이 그 안에 있었기 때문이죠. 이우진은 미도가 네 살이었을 때부터 지금까지 몰래 미도를 감시해왔다고 합니다. 왜 그랬을까요?

나를 괴로움 속에 빠뜨린 상대에게 복수하는 상황을 가정해 볼게요. 어떤 방법을 쓰고 싶으세요? '내가 받은 고통을 똑같이 받았으면 좋겠다'라고 생각하지는 않으셨나요? 이우진이 그렇게 생각했습니다. 본인이 경험한 가장 큰 고통을 그대로 돌려주겠다고요. 이우진이 겪은 괴로움의 근원에는 근친상간 문제가 있습니다. 친누나를 사랑하고 잃고 그리워한 모든 나날에 그 문제가 드리워져 있죠. 그래서 기다린 겁니다. 네 살이었던 미도가 성인이 될 때까지. 15년은 오대수에게 복수하기 위해 준비하는 기간이었습니다.

오대수는 간청합니다. 죄는 자신에게 있고 미도는 무고하니 미도에게는 제발 진실을 알리지 말아 달라고요. 이우진은 오대수의 부탁을 들어 줍니다. 호의에서 나온 행동 같지는 않죠. 이우진의 속내를 한번 추측해 볼까요? 미도가 사실을 알게 되면 관계에 대한 선택권은 미도에게도 생깁니다. 미도의 의지로 오대수와의 관계가 끝날 수도 있죠. 하지만 비밀을 아는 사람이 오대수뿐이라면 앞으로 어떻게 해야 할지를 오롯이 오대수 혼자서 결정해야 합니다. 모든 짐을 짊어진 채 절규하는 오대수를 뒤로하고 이우진은 길고 길었던 여정의 끝을 향해 나아갑니다.

15년간의 복수, 변해 버린 두 남자

> S#5. 소양 댐
> 어린 이우진의 손을 놓은 수아는 댐 아래로 떨어지고, 누나의 마지막을 회상하던 이우진은 스스로 목숨을 끊는다.

오대수에 대한 복수는 완성되었고 이우진은 원망할 대상을 잃었습니다. 그동안은 누나의 죽음을 오대수 탓으로 돌렸지만 더는 그럴 수 없게 됐죠. 이우진은 비로소 변명이라는 장막 없이 누나의 죽음을 다시 마주합니다. 그날, 사실 이우진은 수아와 함께 있었습니다.

수아는 임신했다는 소문에 시달리다 못해 자신이 실제로 임신을 했다고 믿게 된 상태였습니다. 남동생과의 아이를 가졌다는 생각은 거대한 공포로 이어지죠. 수아는 이쯤에서 모두 끝내기로 결심한 듯 댐 아래로 몸을 던지려 합니다. 가까스로 손을 붙잡은 이우진은 소리 내 우는데 위태롭게 매달린 수아의 얼굴은 평온해요. "그동안 무서웠지? 그러니까 놔줘"라는 말로 감당하기 어려웠던 두 사람의 관계를 끝내겠다고 선언합니다.

이우진은 사랑하는 누나의 손을 놓은 걸까요, 놓친 걸까요? 함께 있었으니 수아가 느껴온 위기감을 이우진도 계속 공유하고 있었겠죠. 그래서 아마 누나의 마지막 부탁을 듣고 손을 놓지 않았을까 싶습니다. 이우진이 누나를 살해했다고 표현하기는 어렵지만 누나의 죽음에 분명히 책임이 있죠. 스스로도 그 점을 잘 알기에 오래도록 수아에게서 벗어나지 못했던 게 아닐까 하는 생각이 듭니다. 수아와의 진짜 이별은 오대수를 자기 인생에서 떠나보낸 뒤에야 가능해집니다. 누나를 포기한 손과 자신에게서 멀어지는 누나를 비로소 정면으로 바라본 이우진은 그 순간 어떤 감정을 느꼈을까요? 이우진은 곧 스스로 삶을 마감합니다.

두 사람의 복수는 그렇게 끝납니다. 이우진과 오대수는 복수에 매우 긴 시간을 바쳤고 목표한 바를 상당 부분 이뤘습니다. 만족했을까요? 상처 입은 그들의 자존감이 복수를 통해 회복되었다고 보시나요? 오히려 그 반대는 아니었을까요?

이우진과 오대수는 원한과 분노가 세월에 무뎌지지 않도록 애썼습니다. 무너진 마음을 고스란히 안은 채로 부정적인 감정에 장기간 초점을 맞춘 것이죠. 정체성이 변할 수밖에요. 누나와 함께 환히 웃던 이우진과, 오대수를 15년 동안 가둔 이우진은 사실상 다른 사람입니다. 수다스러운 술꾼이었던 오대수와, 말없이 이우진을 찾아 헤매는 오대수 또한 다른 사람이죠. 자기 정체성이 곧 복수가 되기에 이른 두 사람은 복수에 몰입할수록 원래의 자신을 잃어버렸습니다. 자기 회복이 근본 목표였다면 두 사람의 복수는 실패했다고 봐야겠죠. 진작 아물었을 수도 있는 상처가 더 깊어졌을 뿐입니다.

지선의 시선 – 소년 시절에 멈춘 어른, 올드 보이

제목이 가리키는 '올드 보이old boy'는 과연 누구일까요? 영화 속에서 직접 언급된 올드 보이는 오대수와 이우진의 모교인 상록고등학교 동창회 '에버그린 올드 보이즈'의 회원들입니다. 일단 이 안에는 두 주인공이 모두 포함되겠죠. 하지만 영화 제목은 '올드 보이즈old boys'가 아닌 '올드 보이old boy'입니다. 한 명을 가리켜야 한다면 그 대상은 오대수일 거라고 오랫동안 막연히 생각해 왔습니다. 오랜 감금 생활이 묘사되는 인물이니까요.

그런데 영화를 여러 번 보고 나니 제목 속의 모순이 눈에 들어왔습니다. 나이 든 소년이란 역설적인 표현이잖아요. 이 의미에 부합하는 사람은 이우진일 수도 있겠다는 생각이 들었습니다. 이우진은 복수라는 망상에 사로잡혀 어린 시절에서 벗어나지 못한 채로 살아가죠. 이를테면 나이만 들어 버린 소년입니다.

이우진은 복수에 시간을 바친 인간이 어떤 길을 걷는지 보여 줌으로써 우리에게 질문을 던집니다. 복수는 정말 나를 위한 일일까요? 복수에 바친 시간만큼 삶을 잃어야만 한다면, 복수에는 과연 어떤 가치가 있는 걸까요? 앙갚음하고 싶다는 마음이 불쑥불쑥 일어날 때 한 번쯤 새길 만한 질문입니다.

8장

로맨스를 가장한
마음 치료 노트

〈실버라이닝
플레이북〉

Jisun Cinemind

실버라이닝 플레이북

(Silver Linings Playbook, 2012)

아내의 외도를 목격하고 상대 남자를 폭행해, 직장도 잃고 정신 치료를
받게 된 팻. 남편이 죽은 후 회사 내 모든 직원들과 관계를 맺다가 실직
하게 된 티파니. 우연히 시작된 둘의 만남은 점점 사랑으로 발전하고, 댄
스 대회에 함께 참가하게 되면서 둘은 점점 서로를 이해하게 된다. 배우
제니퍼 로렌스는 이 작품으로 아카데미 시상식 여우주연상을 수상했다.

장르	코미디, 드라마
원작	매슈 퀵 《실버라이닝 플레이북》
감독	데이비드 O. 러셀
각본	데이비드 O. 러셀
등장인물	티파니 역 : 제니퍼 로렌스 팻 솔리타노 역 : 브래들리 쿠퍼 팻 아버지 역 : 로버트 드 니로

혹시 이 영화의 포스터만 보고 정작 영화는 지나쳤던 분이 계실까요? 아마 그런 분들은 이 영화를 그저 그런 로맨스 코미디물로 생각하고 있을지도 모르겠어요. 이 영화는 주인공 팻이 티파니라는 여성을 만나 새로운 사랑을 시작하는 이야기이기도 하지만, 정신과 치료를 받다가 퇴원한 뒤 일상을 회복해 가는 이야기이기도 합니다. 실은 영화 제목에 그러한 의미가 숨어 있어요. '실버 라이닝silver lining'은 해가 구름 뒤에 있을 때 구름 가장자리에서 선 형태로 보이는 빛을 뜻해요. '플레이북playbook'은 미식축구 등 운동 경기에서의 작전 노트를 의미하고요. 즉, 이 영화는 한 줄기 희망을 찾아 과거의 상처와 고통을 떨치기 위한 작전 노트 그 자체라고 볼 수 있죠. 저와 함께 영화를 감상하시는 동안에는 로맨스보다 상처받은 사람이 스스로를 치유하는 여정을 따라가 보셨으면 해요.

팻은 조울증 진단을 받고 정서를 조절하지 못해 자신과 주변인을 괴롭히는데요. 현재 우리 사회의 화두 중 하나가 분노라는 점에서 눈여겨볼 만하다고 생각해요. 게다가 누구나 분노에 휩싸여 어쩔 줄 몰라 했던 경험이 있죠. 이 감정을 어떻게 다스리면 좋을지부터 함께 고민해 볼까요?

잘 화낼 줄 알아야 합니다

S#1. 정신과 상담실
니키와 헤어진 후 정신 병원에서 생활하다, 퇴원하고 나서 통원 상담을 받게 된 팻. 병원에서 어떤 노래가 흘러나오자 소란을 일으키는데…….

팻은 특정 노래를 듣기만 하면 분노를 주체하지 못합니다. 이 문제는 팻의 결별과 관련이 있어요. 일찍 퇴근한 어느 날, 그는 집 안에서 결혼식 당시 축가로 나왔던 음악을 듣습니다. 소리가 들리는 방향을 따라간 팻은 직장 동료와 아내가 바람피우는 모습을 정면으로 마주하게 됩니다. 심지어 불륜을 들킨 상대방은 팻에게 "좀 비켜 달라"고 당당하게 요구까지 해요. 이때 팻의 분노가 폭발해 상대 남성에게 폭력을 행사했고, 법원으로부터 정신 병원 입원 치료를 명령받아요.

팻과 같은 상황에 처했다면 어땠을까 상상해 보면 팻이 왜 그토록 화를 냈는지는 충분히 이해할 수 있어요. 하지만 팻은 이 사건 이후로 점점 불행해지고, 스스로의 감정을 주체하지 못하게 돼요. 만약 불륜 현장을 목격한 팻이 다른 방법으로 대처했다면 이후의 일도 달라지지 않았을까요?

분노에 대처하는 양식을 크게 세 가지로 분류하는데요. 첫째는 분노 표출, 둘째는 분노 억압, 셋째는 분노 조절입니다. 팻이 아내의 불륜 상대에게 한 행위는 분노 표출에 해당해요. 화가 나는 상황에 대해 언어적, 신체적으로 즉시 반응하는 방식이죠. 좋은 대응이라고 보기 어렵습니다. 그렇다면 분노를 참아야 했을까요? 느껴지는 분노를 억누르면서 아무 행위도 하지 않는 분노 억압 또한 바람직하지 않습니다. 참는 것이 미덕이라 여기는 문화 속에서 사는 우리나라 사람들이 많이 쓰는 방법일 것 같네요.

저는 분노를 억압하는 우리 사회의 경향을 이모티콘 취향에서 발견했어요. 한국콘텐츠진흥원이 발표한 캐릭터 선호도 조사 결과를 보면 한국인이 가장 사랑하는 캐릭터로 카카오프렌즈가 꼽히거든요. 그중 대표 격인 캐릭터는 라이언이죠. 우리는 감정을 표현하기 위해 이모티콘을 쓰는데 정작 라이언의 얼굴은 감정을 거의 드러내지 않아요. 심지어 이 친구에게는 입도 없습니다. 표정보다는 동작이나 배경으로 감정을 표현하죠. 마음을 겉으로 드러내는 데 익숙하지 않은 분들도 라이언 이모티콘은 비교적 편하게 쓰시더라고요. 얼굴에서 감정을 읽기 힘든 우리나라 사람의 특성이 캐릭터 선호도로 나타나는 것이 아닐까 싶어요.

라이언이야 캐릭터지만, 사람은 감정을 계속 억압하다 보면 최악의 상황을 맞이하기 십상입니다. 분노가 쌓이다 못해 터지는 방식으로 표출되면 스스로 제어하기 어려워지거든요. 따라서 가장 건강한 분노 대처 양식은 분노 조절입니다. 화는 났지만, 우선 분노의 본질을 들여다보고 상황에 맞게 표현하는 걸 분노 조절이라고 해요. 사실 분노에는 다양한 감정이 섞여 있는 경우가 많아요. 불안이나 두려움 때문에 화가 나기도 하고, 분노의 바닥에 질투가 도사리기도 하죠. 너무나 슬퍼서 어쩔 줄 모르는 마음이 화의 형태로 나타날 때도 있습니다.

분노를 표출하기 전에 감정을 들여다보고, 올라오는 화를 억압하는 대신 자각하는 것. 이것이 화를 잘 내는 방법의 첫 단추예요. 분노는 정말 자연스러운 감정이잖아요. 부당한 상황에서 표출하면 세상을 바꾸는 동력이 되기도 하고요. 무작정 분노를 부정하려 애쓰지 마시고 잘 들여다보세요. 그리고 내가 왜 화가 났는지, 뭘 바꿔야 화가 나지 않을지 원인을 찾아보세요.

몸 따로 마음 따로, 반동형성

S#2. 로니의 집
팻은 친구 로니의 초대를 받아 그의 집으로 간다. 그곳에서
얼마 전 남편의 사망으로 괴로워한, 로니의 처제 티파니를
만난다. 그날 밤 팻은 티파니를 집에 데려다주는데······.

티파니와 팻은 이날 처음 만났습니다. 대뜸 티파니가 예쁘다
고 칭찬한 팻은 상대방이 묻지도 궁금해하지도 않는 이야기를
늘어놓죠. 니키에 대한 정보를 주입시키는가 하면 티파니의 죽
은 남편 이야기를 불쑥 꺼냅니다.

꼬시는 거 아녜요. 나한텐 내 아내가 더 어울려요. 얼마나
예쁜지 말해 줄게요. 그런 적 없었지만 이젠 니키한테 잘해
줄 거예요. 토미(티파니의 남편)가 어떻게 죽었죠?

뜬금없죠. 맥락을 찾기도 어렵고요. 이렇게 뒤죽박죽 꺼내는
말은 범죄 프로파일링 작업에서 진술을 분석할 때 눈여겨보게
되는 부분이에요. 저 말을 하는 사람은 분명 의도가 있어요. 그
의미를 파악하는 게 중요합니다. 팻은 티파니를 보자마자 니키

를 언급하고 계속 결혼반지를 만져요. 본인이 결혼한 상태임을 강조하죠. 하지만 속마음은 정반대입니다.

팻은 심리학에서 '반동형성'이라고 부르는 방어기제를 사용하는 중입니다. 억압된 감정이나 욕구가 행동으로 나타나지 않도록 정반대 행동으로 제어하려는 행위죠. 티파니를 보자마자 호감을 느꼈지만, 이미 결혼했기 때문에 마음을 접어야 한다고 스스로에게 주문을 걸고 있는 거예요. 팻의 반동형성은 집에 간 뒤에도 이어집니다. 새벽까지 시끄럽게 결혼식 비디오테이프를 찾아요. 그러다 부모님을 깨운 것도 모자라 실수로 아버지를 폭행해 경찰까지 출동하게 됩니다. 팻이 결혼식 테이프를 새벽까지 찾았다는 것은 무슨 의미일까요? 그 시간까지 티파니가 계속 생각났다는 뜻은 아닐까요?

팻은 티파니에 대한 자신의 마음을 이렇게 꽁꽁 숨기고, 니키와의 결혼에 대한 기억으로 그 감정을 억눌러 보려 합니다. 반면 티파니는 스스로의 감정을 들여다보고 곧잘 표현하는 사람입니다. 과거 남편과의 잠자리를 거부했는데 남편이 자신의 속옷을 사 오다가 교통사고로 사망했다는 이야기를 솔직하게 털어놓고, 팻에게 하룻밤을 함께 보내자고 제안하기도 하죠. 과연 티파니와 팻은 사랑에 빠질 수 있을지, 또 이들의 만남은 각자에게 어떤 영향을 끼칠지 계속 살펴보시죠.

당신의 상황을 이해한다는 것

> S#3. 길거리
> 평소처럼 길거리에서 달리는 팻. 우연히 티파니를 만나 함께
> 저녁 식사를 하기로 약속한다.

팻은 매일 러닝을 하는데 눈여겨볼 부분이 있어요. 그는 쓰레기 봉투를 입고 달리거든요. 이유가 뭘까요? 간단해요. 자기를 쓰레기라고 생각해서가 아닐까요? 팻의 자존감은 바닥에 떨어진 상태거든요. 사실 영화 속에서 쓰레기라고 부를 만한 사람은 니키 혹은 니키의 불륜 상대지만, 팻은 니키를 원망하지 못합니다. 분노를 억압하다 보면 사랑하는 사람에 대한 비난을 스스로에게 돌리는 경우가 생겨요. 러닝해서 살을 뺐으니 니키가 좋아할 거라는 팻의 말에서 이러한 속내가 엿보입니다. 잘못한 사람은 니키인데 반성하고 개선하는 사람은 팻이에요. '내 탓'이라고 생각하는 거죠.

티파니는 팻과의 저녁 약속이 데이트라고 여겼어요. 하지만 팻의 말과 행동이 기대를 무너뜨립니다. 메뉴 선택부터 문제였죠. 팻이 시킨 음식은 시리얼이었습니다. 티파니가 왜 그걸 골랐냐고 묻자 팻은 "데이트라고 오해할까 봐"라고 대답해요. 티

파니는 실망했겠지만, 저는 시리얼이라는 메뉴가 티파니를 이성으로 본다는 증거라고 생각했어요. 이성적인 호감이 없는 사람과 밥을 먹을 때는 굳이 '이건 데이트가 아니야'라고 되뇔 필요가 없을 테니까요.

데이트 같지 않은 데이트를 하던 중에 티파니가 한 가지 제안을 합니다. 자신이 니키에게 팻의 진심을 담은 편지를 전해 주겠다는 것이죠. 이 제안 직후에 두 사람은 설전을 벌입니다. 팻이 자신과 비슷하다는 티파니에 말에 팻은 '니키에게 그런 말 안 했길 바란다'라며 불쾌해합니다. 티파니와 자신은 동급이 아니라는 거예요. "내가 당신보다 더 미쳤다고 생각해요?"라는 티파니의 물음에 팻은 우린 완전히 다르다고 선을 긋습니다.

팻의 입장을 요약하자면 이렇습니다. '난 원래 좋은 사람인데 니키와의 관계 때문에 잠깐 힘든 상황을 겪고 있을 뿐이다.' 반면 티파니는 원래 미친 사람이고요. 사람들은 자신을 생각할 때 나를 둘러싼 상황이 굉장히 잘 보여요. 그런데 다른 사람이 어떤 행동을 하면 상대방이 얼마나 힘든 상황을 겪고 있는지 잘 고려하지 않고 그 사람 자체만을 평가하는 경우가 많아요.

화가 난 티파니는 팻에게 소리를 지르고는 가게 밖으로 나와 버려요. 갑작스레 끝난 만남에 당황한 팻은 결혼식 축가를 환청으로 들으며 괴로워합니다. 그동안 팻과 가까워진 티파니는 팻이 어떤 아픔을 겪는 중인지 알고 있었기에 팻의 머릿속에 축가가 재생되고 있다는 사실을 눈치채죠. 그래서 이 말을 건넵니다. 제가 아주 좋아하는 대사예요.

그건 그냥 노래지, 괴물이 아니야.

사람들은 때론 어떤 대상을 굉장히 두려워하고 회피하곤 해요. 그 대상이 아주 거대하다고 느껴 압도당하기도 하죠. 정작 그 대상을 옆에서 보면 아주 작고 사소한 경우가 많아요. 두려움에 지배당한 채 살아가는 사람에게는 티파니의 저 말 한마디가 두려움을 잠시 진정시켜주는 것만 같아서, 참 좋아하는 말입니다.

"난 그저 형을 사랑해."

S#4. 팻의 집
팻이 티파니를 통해 니키에게 편지를 전달하기로 하자 티파니는 자신과 함께 댄스 대회에 참가할 것을 조건으로 건다. 댄스 연습이 있던 날, 팻은 미식축구 경기에 내기를 건 아버지의 강요에 티파니와의 약속을 어기고 경기장으로 향한다.

상담 치료를 받는 사람은 팻이지만, 팻의 가족 역시 상담이 필요한 사람들이에요. 특히 팻의 아버지는 여러 개의 리모컨을 특정한 방향과 순서로 두려고 하는 등 강박 성향을 보이는 인물이죠. 팻이 경기를 봐야만 자신이 응원하는 미식축구 팀이 이긴다는 그의 징크스 또한 강박과 연결되는 부분이라고 볼 수 있어요. 경기장에서 상대 팀 팬들을 때린 탓에 출입을 금지당했다고 하니 폭력 성향까지 보이고 있죠.

체스판 위의 말을 옮기듯이 모든 것을 자기 뜻대로 움직여야 직성이 풀리는 아버지는 다른 가족 구성원에게도 영향을 끼칩니다. 어머니는 의사 결정이나 의사 표현을 잘 못 하죠. 팻의 아버지가 사업 자금을 전부 내기에 걸어도 자기 의견을 강하게 피력해서 관철시키지 못합니다.

팻의 형도 범상치 않죠. 그는 힘들게 살아가는 팻 앞에서 자신은 좋은 곳에 취업했고 약혼했으며 새집을 샀다는 이야기를 늘어놓습니다. 속을 잔뜩 긁어 놓는 말을 들은 팻은 형을 꼭 안으며 이렇게 말합니다. "난 그저 형을 사랑해." 저는 이 장면을 보고 배우 윌 스미스를 떠올렸습니다.

2022년 아카데미 시상식에서 분노 때문에 엄청난 사건이 벌어졌죠. 윌 스미스가 자신의 배우자를 조롱한 사회자 크리스 록의 뺨을 때리는 모습이 전 세계에 생중계됐습니다. 현장에 있던 사람들은 당황해서 윌 스미스를 피했는데, 도리어 그에게 다가가 말을 건네고 그를 안아 준 사람이 있었어요. 그가 바로 〈실버 라이닝 플레이북〉에서 팻으로 분한 배우 브래들리 쿠퍼입니다. 윌 스미스의 마음속이 얼마나 지옥 같았을지 충분히 이해했기 때문에 다가가지 않았을까 생각해요. 어쩌면 영화 속에서 형을 안아 줬던 경험이 영향을 미쳤을지도 모르죠.

> S#5. 댄스 대회장
> 팻의 아버지가 다음 미식축구 경기 결과와 팻이 참가하는 댄스 대회 점수에 내기를 걸어 버린 상황. 댄스 대회에서 팻과 티파니는 5점을 받아내는 데 성공한다.

두 사람이 원하던 점수를 받은 것도 물론 좋은 일이지만, 댄스 연습을 하면서 정서적인 변화를 겪을 수 있었던 건 더 좋은 일이었어요. 두 사람이 함께 춤을 추려면 서로 배려하고 조화를 이루어야 하잖아요. 춤을 추지 않으려던 팻이 티파니와 함께 호흡을 맞춰가는 과정이 무척 아름다워 보였어요.

대회가 끝나고 행복한 마무리만 남은 듯한 그 순간, 팻은 대회장 안에 있던 니키에게로 향하죠. 상심한 티파니는 대회장 밖으로 나갑니다. 티파니를 따라 달려 나온 팻은 편지를 건네요.

사실 예전에 티파니가 니키의 편지라며 본인이 적은 답장을 팻에게 준 적이 있거든요. 그때 팻은 편지를 쓴 사람이 니키가 아니라 티파니임을 깨닫고, 자신에 대한 티파니의 진심을 깊이 느끼게 됩니다. 댄스 대회를 마치면 답장을 통해 고백할 계획도 세웠고요. 팻은 편지의 진짜 주인을 어떻게 눈치챘을까요?

팻은 티파니만의 특이점을 발견하고 편지를 쓴 사람이 누구인지 알아냈던 것이죠. 서로의 진심을 확인한 두 사람은 과거의 아픔을 보듬는 사랑을 꿈꿉니다. 팻과 니키의 고통 치유 작전은 해피엔딩으로 마무리됩니다.

지선의 시선 - 더욱더 높이 올라가는 법

영화 속에서 팻이 자주 쓰는 단어가 하나 있습니다. 바로 'excelsior'예요. '더욱더 높이'라는 의미죠. 높은 곳으로 올라가려면 어떻게 해야 할까요? 사실 그 시작은 현재 내가 어디에 있는지 알고 깨닫고 받아들이는 거예요. 어디 있는지도 모르면 올라갔는지, 올라갈 수 있는지 알 수 없잖아요. 하지만 영화 초반부에서 팻은 'excelsior'라고 외치기만 할 뿐, 자신의 감정도 현재 상황도 제대로 들여다보지 못합니다. 그러다 티파니를 만나 함께 댄스 연습을 하면서 넘어지기도 하고 다시 올라서기도 하는 과정을 통해 스스로를 자연스럽게 되돌아봅니다.

영화에서는 팻이 스스로 치유하는 과정을 은유적으로 보여 줬지만, 실질적으로 우리가 해야 할 과제가 하나 있어요. '자기 자비'라는 건데요. 상대방을 배려하고 친절한 것도 중요하지만, 사실 그런 태도를 가장 먼저 가져야 하는 대상은 자기 자신이에요. 스스로의 고통에 마음 기울이고 받아들이는 이 과정이 필요하다는 거죠. 즉, 자신에게 관대하고 친절한 마음으로 상처와 고통을 치유하려는 노력. 이게 바로 더 높이 올라가기 위한 필수 조건이에요. 그러니까 더 나아지고 싶은 조급한 마음이 든다면 내 마음을 먼저 잘 들여다보고 보살펴 주세요. 지금 이미 여러분의 마음 뒤편에 이미 '실버라이닝'이 반짝이고 있을 테니까요.

9장

서로 다른 꿈을 꾼, 세 남자의 마지막 선택

〈신세계〉

Jisun Cinemind

신세계

(New World, 2013)

경찰청 수사기획과 강 과장은 국내 최대 범죄 조직인 골드문 세력이 점점 확장되자 신입 경찰 이자성에게 잠입 수사를 지시한다. 8년 후 이자성은 골드문의 3인자이자 그룹 실세인 정청의 오른팔이 된다. 골드문 회장의 갑작스런 사망 후 강 과장은 후계자 결정에 직접 개입하는 '신세계' 작전을 설계한다. 피 튀기는 후계자 전쟁의 한가운데, 정청은 친형제처럼 여겨온 이자성에게 더욱 강한 신뢰를 보내지만, 신분 노출의 위기에 처한 이자성은 자신을 배신할지 모르는 경찰과 형제처럼 자신을 믿어 주는 정청 사이에서 갈등하게 된다.

장르	범죄, 스릴러, 느와르, 액션
감독	박훈정
각본	박훈정
등장인물	이자성 역 : 이정재 강 과장 역 : 최민식 정청 역 : 황정민 이중구 역 : 박성웅

직장인은 누구나 사직서를 품고 일한다고 하죠. 어떤 순간에 가슴 속 사직서를 꺼내 들고 싶다는 생각을 하셨나요? 조직은 좋지만 같이 일하는 사람이 싫을 때? 아니면, 같이 일하는 사람은 좋지만 조직이 싫을 때? 이번에 함께 볼 영화의 주인공은 이 두 가지 상황을 동시에 겪고 있습니다.

2013년에 개봉한 느와르 영화 〈신세계〉의 주인공 이자성은 신입 경찰 시절에 강형철 수사 과장의 눈에 띕니다. 그의 명령에 따라 범죄 조직 골드문에서 잠입 수사를 시작해 8년이라는 세월을 보내죠. 그동안 골드문 서열 3위 정청의 오른팔 자리에까지 올랐건만 임무는 끝날 기미조차 보이지 않습니다. 이자성은 자신을 이용하기만 하는 경찰 조직과 자신을 신뢰하는 범죄 조직 사이에서 깊은 갈등에 빠지게 되는데요. 그는 과연 어느 쪽을 선택할까요?

잠입 수사관이 갖춰야 할 조건

> S#1. 주차장
> 범죄 조직 골드문의 1인자 석동철 회장이 갑작스런 사고로
> 사망하자, 일주일 후 후임 회장을 뽑기로 한 골드문 이사진.
> 정청이 자신의 오른팔 이자성과 함께 일어나 주차장으로 향
> 한다.

지하로 내려가는 엘리베이터 안에서, 중국 출장으로 얼마간
자리를 비우게 된 정청은 이자성에게 자신의 역할을 대신해 달
라고 부탁합니다. 지하 주차장에 도착한 두 사람은 나란히 걸
어가고 정청의 수하들이 뒤를 따르죠. 바로 그때, 차 한 대가 무
서운 속도로 달려들더니 귀가 따갑도록 울리는 마찰음을 내며
이들 앞을 가로막습니다. 이내 열린 뒷좌석 창문으로 이중구가
고개를 내밉니다.

- 놀랐어?
- 거, 중구 형. 이거 장난이 너무 심한 거 아니오!

이중구는 골드문 내에서 서열 4위를 차지하고 있습니다. 어

느 날 갑자기 정청이 굴러들어 오지만 않았어도 서열 3위 자리는 이중구의 것이었을 텐데요. 서열 2위 장수기는 기껏해야 바지 사장일 뿐이니 정청이 없었다면 차기 회장 선점에 더 유리한 고지를 차지할 수도 있었겠죠. 이중구는 차로 위협하는 행동처럼 정청에 대한 열등감과 악감정을 노골적으로 드러내는 인물이죠.

이중구의 차가 정청을 들이받을 듯이 다가온 순간, 이자성은 정청의 앞을 온몸으로 막아섭니다. 위험이 코앞까지 다가왔는데도 정청을 보호하고자 나서는 이자성의 행동에는 망설임이 전혀 없어요. 게다가 그는 화를 내면서도 이중구에게 예의를 갖춥니다. 저는 이 장면을 보고 강 과장이 이자성에게 잠입 수사를 명한 이유를 알겠다고 생각했어요.

잠입 수사관은 어떤 자질을 갖춰야 할까요? 정체를 들키지 않을 만큼 조직에 녹아들 수 있어야 하지만, 설사 발각되더라도 경찰을 배신하지 말아야 합니다. 양쪽 조직에 두루 신뢰를 주는 사람이어야 하죠. 정청과 이중구를 대하는 태도에서 드러나듯이 이자성은 충직함과 건실함을 겸비한 인물입니다. 오랜 세월 동안 범죄 조직에 몸을 담아도 여전히 경찰일 수 있는 이자성의 면모를 강 과장은 일찌감치 알아본 것이겠죠.

갈등하는 이자성

S#2. 기원 VIP 룸

이신우는 경찰과 골드문 사이에서 정보 관리책 역할을 맡고 있는 인물이다. 이자성은 그에게 앞으로의 계획을 묻지만 이신우는 말해 주지 않고, 이에 자성은 분노하는데…….

이자성이 골드문에 들어간 지 어느새 8년이 되었습니다. 숱한 위험을 감수하면서 긴 세월을 인내한 이유는 경찰 조직의 명령을 받았기 때문이죠. 이자성은 골드문에 대한 정보를 경찰 측에 지속적으로 제공하지만 정보가 어디에 쓰이는지 정확히 알지는 못합니다. 시키는 대로 다 하고 있는데 왜 자신을 못 믿냐는 이자성의 분노는 당연한 것이겠죠. 경찰은 그의 희생을 보상하기는커녕 약간의 믿음조차 주지 않으니까요. 하물며 골드문의 수하들도 자신을 믿는데 말입니다.

경찰 조직의 입장에서 이자성은 임무를 수행하는 사람일 뿐이에요. 임무 수행자가 어떤 감정을 느끼든 신경 쓰지 않죠. 그가 고통을 겪는다면 알아서 감당해야 한다고 여길 거예요. 반면 골드문 사람들은 이자성을 신뢰하고 따릅니다. 정청은 이자성을 친동생처럼 아끼죠. 이자성의 마음은 어느 쪽으로 기울고 있을까요?

저는 이자성의 마음이 여전히 경찰 조직에 있다고 봅니다. 폭력배들의 믿음이 이자성의 자존심을 세워 주지는 못할 것 같아요. 그렇다고 해서 경찰에 온전히 소속감을 갖기는 어려운 상태죠. 어느 쪽도 좋아할 수 없는 현재의 처지에서 빨리 벗어나기를 바라고 있지 않을까 싶네요.

조직과 임무 사이에서 이자성이 느끼는 괴리감은 그가 정청을 부르는 호칭에서 나타납니다. 이신우에게 임무 수행 보고를 하면서 정청을 '우리 형님'이라고 칭하죠. 그러곤 말실수를 했다는 듯 바로 '정청'이라고 정정합니다. 이자성은 실제로 정청을 '우리 형님'이라고 생각할 만큼 아끼는 걸까요?

싫어하는 사람과 6개월 이상 함께 일하게 됐다고 가정해 볼게요. 상대방이 싫다는 감정과 같이 일해야만 하는 현실 사이에서 충돌이 발생하겠죠. 이 문제를 6개월이 넘도록 안고 있기란 너무 힘든 일이잖아요. 상황을 바꿀 수 없다면 내가 할 수 있는 노력은 그 사람의 좋은 점을 찾아 보는 것이죠. 상대를 좋아할 수 있을 만한 것을 계속 찾고 그로 인해 정말 그 사람이 좋아졌다고 믿는 겁니다. 이것을 심리학에서는 인지부조화라고하는데요. 자신의 태도와 신념, 행동 간에 불일치가 있을 때, 이로 인해 발생하는 불편감을 해소하고자 행동과 일치하는 방향으로 태도를 바꾸는 것을 말합니다.

이자성이 처한 상황도 이와 마찬가지인 것으로 보여요. 골드
문에서 잠입 수사를 해야 한다는 상황을 바꾸지는 못하죠. 그
렇다면 태도를 바꿔야 합니다. 조직 폭력배들의 장점을 찾기
위해 노력했을 거예요. 정청에게서 호감이 가는 면을 발견했
을 테고 오랜 시간을 함께 보내는 가운데 정을 쌓았겠죠. 그러
면서 이자성에겐 정청은 '우리 형님'이 됐습니다. 그 마음이 경
찰로서 업무 상황을 보고하는 자리에서 호칭으로 튀어나와 버
린 거죠. 하지만 그렇게 느끼고 있는 자신을 받아들이고 싶지
도 않았을 겁니다. 정청을 아끼는 감정은 이 상황을 견디기 위
한 수단일 뿐 진심이어서는 안 되니까요.

하수와 고수의 결정적 차이

S#3. 이중구의 사무실
이중구는 차기 회장으로 자신을 밀어 달라며 이사진을 협박
한다.

〈신세계〉는 말 그대로 캐릭터 열전이 펼쳐지는 영화입니다.
하나같이 매력적인 인물들 중에서 이번에는 이중구에 한번 주

목해 볼까요? 박성웅 배우의 열연이 이 캐릭터를 더욱 빛내 주죠. 하지만 인물의 됨됨이를 객관적으로 놓고 보면, 사실 이중구는 하수에 불과합니다.

사무실에 도착한 이중구는 자신을 기다리는 이사진들에겐 눈길도 주지 않고 개인용 골프 연습 공간으로 직행합니다. 양복 재킷을 벗고 허리에 찬 명품 벨트를 드러내더니 별안간 골프 연습을 시작하죠. 본인의 골프 실력에 대한 칭찬을 강요하고서야 겨우 이사진과 마주 앉습니다. 차기 회장 자리를 놓고 열릴 이사회에서 정청이 아닌 자신을 지지하라고 요구하자 이사진은 대가가 무엇인지를 은근히 묻는데요. 이중구는 "살려는 드릴게"라고 대답합니다.

이와 대조되는 대사가 뉴욕 마피아 패밀리의 이야기를 다룬 고전 영화 〈대부〉에 등장하는 "친구는 가까이, 적은 더 가까이 하라"입니다. 대부가 이 말을 통해 아들에게 전하고자 한 가르침은, 상대를 적이라고 생각한다는 사실을 그에게 노출해서는 안 된다는 것이었어요. 이중구는 정확히 반대로 행동합니다. 이사들을 대놓고 협박하면 당장은 원하는 결과를 얻을 수 있겠죠. 하지만 장기적 관점으로는 좋은 전략을 썼다고 보기 어렵습니다. 이사들의 머릿속에 이중구가 언젠가 자신을 죽일지도 모른다는 공포를 심어 버렸으니까요. 결국 이중구는 이사들이 제거해야 할 적이 된 셈입니다.

이중구의 어리석음은 그의 사무실 공간에도 반영되어 있습니다. 이 사무실은 공사가 채 끝나지도 않은 빌딩 고층에 있죠. 안으로 들어서면 고가의 위스키들이 진열된 바와 고급 가구들이 눈에 들어옵니다. 이중구가 값비싼 물건으로 자신을 포장할수록, 길거리 조직 폭력배에 불과한 마음속을 들키지 않으려는 부단한 노력이 부각될 뿐입니다.

S#4. 구치소 면회실
이자성이 빼낸 내부 자료가 경찰에게 넘어가면서 이중구는 수감되고, 정청이 그를 찾아오는데…….

이중구는 자신을 구속시킨 자료를 경찰에게 제공한 사람이 정청이라고 확신합니다. 정청은 부정하지만, 이중구는 그의 말을 비웃고 화를 내죠. 이 장면에서 중구와 대화하는 정청의 표정이 조금 슬프게 느껴졌습니다.

이중구의 머릿속은 정청이 자신을 고발했다는 추정에 힘을 싣는 정황들로 가득합니다. 정청이 무슨 말을 했더라도, 결백을 명확하게 밝히는 증거를 내밀었더라도 믿지 않았을 거예요. 이중구가 보이는 태도를 사회심리학에서는 '확증 편향'이라고 부릅니다. 자신의 생각과 일치하는 정보만 받아들이고 그에 반하는 정보는 무시하거나 배척하는 경향을 가리키죠. 정청의 얼굴에 퍼지는 답답함으로 미루어 볼 때, 그는 이중구의 이러한 심리 상태를 파악하고 더 대화하기를 단념한 것 같습니다.

훌륭한 조폭의 자질

S#5. 창고

창고에서 이자성을 기다리고 있던 정청. 이자성은 정청의 말에 따라 드럼통 뚜껑을 열고, 그 안에서 피투성이가 된 이신우를 발견한다.

이자성이 놀란 가슴을 추스르기도 전에 정청은 골드문 내부에 스파이가 있음을 암시하며 서류 뭉치를 내밉니다. 이자성은 자신의 정체가 발각됐을까 두려움에 떨며 서류를 넘기기 시작하죠. 그 순간, 정청은 옆에 서 있던 이자성의 오른팔 오석무를 향해 삽자루를 휘두릅니다. 이자성이 받아 든 서류는 오석무가 경찰임을 증명하는 문서들이었어요. 이자성조차 그 존재를 몰랐던 또 한 명의 잠입 수사관이 있었던 것이죠.

이 장면에서 정청의 섬뜩한 잔인성이 처음으로 드러납니다.

시종일관 장난기 넘치는 모습을 보여 주던, 이자성에게는 늘 관대한 형이었던 정청은 마치 다른 사람이 된 양 오석무를 무자비하게 공격합니다. 어느 쪽이 그의 본모습이라고 보시나요? 저는 양쪽 모두라고 생각해요. 인정사정없는 면모를 갖추고 있으니 조직의 3인자 자리까지 올라갈 수 있었겠죠. 필요할 때에만 잔인함을 내보였을 뿐입니다.

골드문 내부의 숨어 있던 경찰 쪽 인물들이 하나둘 발각되면서 이자성은 불안감에 휩싸입니다. 그는 아직 정체를 들키지 않았을까요? 정청은 이 시점에서 이자성이 경찰임을 알아챈 것은 아닐까요? 이신우와 오석무를 굳이 이자성 앞에서 처리한 이유는 경고를 하기 위해서가 아닐까요? 똑바로 행동하지 않으면 두 사람처럼 죽게 될 거라는 메시지를 전달했다고 볼 수도 있는 것이죠.

> S#6. 지하 주차장
> 강 과장은 이중구를 만나 정청을 공격하면 출소하게 해 주겠다고 약속한다. 결국 이중구의 수하들이 정청을 습격한다.

'훌륭한 조폭의 자질이란 무엇일까?'에 대한 여러분의 의견은 어떤가요? 싸움을 잘하는 것도 중요하지만 가장 중요한 건

맞는 걸 두려워하지 않는 것 아닐까 싶은데요. 이 장면에서 정청이 보여 주고 있는 면모이기도 합니다.

정청이 엘리베이터 안에서 이중구의 부하들에게 맞서는 이 장면은 〈신세계〉의 명장면으로 꼽히죠. 정청은 홀로 다수를 상대해야 한다는 것을 알면서도 엘리베이터 안으로 들어가고, 칼을 맞았으면서도 태도를 굽히기는커녕 "들어와!"라고 외칩니다. 죽음을 두려워하지 않는 사람을 쉽게 꺾을 수는 없죠. 그 배포가 정청을 더욱 인상적인 캐릭터로 만들지 않았나 싶습니다.

불의한 과정과 정의로운 결과

S#7. 식당
이자성에게 잠입 수사를 명한 강 과장과 신세계 프로젝트의 수장 고 국장이 마주 앉아 술잔을 나눈다.

지금까지의 모든 상황을 뒤에서 설계해 온 두 인물, 강 과장과 고 국장은 골드문의 2인자 장수기를 바지 사장으로 앉히고 이자성을 실세로 만들기 위한 신세계 프로젝트를 시작합니다. 두 사람은 곧 실세가 될 이자성이 오히려 자신들에게 고마워해야 하는 거 아니냐며 농담을 주고받습니다. 프로젝트 과정에서 희생양이 된 신우와 석무는 언급조차 하지 않죠. 사회의 정의를 위해 일하는 경찰의 대화가 영화 속 조폭들이 나누는 대화만큼이나 잔인하고 무섭게 느껴지진 않았나요?

직접 묘사되지는 않지만 이자성의 지난 8년도 경찰다운 생활이 아니었을 거예요. 골드문 서열 3위의 오른팔이 되었으니 그동안 수많은 범죄를 방조하거나 직접 저질렀겠죠. 경찰 조직은 모두 다 알면서도 묵인했을 테고요.

강 과장과 고 국장은 이자성의 믿음직한 모습을 보고 임무를 맡겼지만 그를 완전히 신뢰하지는 않습니다. 이자성을 감시하는 인물 중 한 명이 이자성의 아내 한주경이라는 사실만 보아도 그 점을 알 수 있죠. 강 과장은 한주경을 신뢰하지도 않습니다. 이자성과 한주경이 다른 마음을 먹으려는 기미를 조금이라도 보이면 강 과장은 협박으로 두 사람을 통제하려 듭니다.

사람을 쉽게 믿지 않는 강 과장의 성향은, 어느 정도는 직업의 영향일지도 모릅니다. 경찰들은 늘 범죄자를 대면하는데, 입만 열면 거짓말을 늘어 놓는 사람들을 비교적 자주 봅니다. 정황이 확실해질 때까지는 계속 의심하고 견제해야 하죠. 강 과장은 이자성과 한주경이 아닌 그 누구라도 경계했을 거예요. 강 과장의 불신은 만일을 경계하는 대비책이라고 볼 수 있죠.

경찰이 장기간의 무리를 무릅쓰고 신세계 프로젝트를 밀어

붙인 이유는 국내 최대 범죄 조직인 골드문을 경찰의 관리하에
두고자 했기 때문입니다. 대의를 위해서는 대가를 치를 수밖에
없다는 논리로 수많은 불의에 눈감은 영화 속 경찰의 모습을
어떻게 바라봐야 할까요?

과거에 우리 사회는 과정보다 결과를 중시했습니다. 결과가
훌륭하다면 진행 과정에서 부정한 일이 일어났어도 충분히 무
마할 수 있었죠. 하지만 이제 사람들은 절차적 공정성을 원합
니다. 결과에 이르는 과정이 얼마나 바르고 공정한가에 주목해
요. 성과만으로 좋은 평가를 받는 시대는 지났습니다.

세 남자의 신세계

S#8. 이중구의 사무실
경찰의 약속대로 출소한 중구는 사무실로 향한다. 그곳엔 정
청의 수하들이 그를 기다리고 있는데…….

그 많던 수하들은 다 어디 가고, 출소한 중구를 마중 나온 사
람은 한 명도 없습니다. 곧 차기 회장 자리에 오를 사람의 신세
라기에는 너무 초라하죠. 이런 말로를 중구도 예상했을 겁니
다. 강 과장의 제안을 받아들여 정청을 치겠다는 선택을 한 그

순간부터 말이죠. 그때 중구는 고민합니다. "이거 쥐약이다. 먹으면 아마도 다 뒈질 거야. 근데, 나로선 안 먹을 수가 없네." 이중구는 강 과장의 제안을 '안 먹을 수 없는 쥐약'이라고 표현합니다. 함정이라는 사실을 알고 있었다는 뜻이죠. 하지만 이중구는 정청에 대한 분노에 사로잡힌 나머지 터널 비전^{tunnel vision} 상태에 빠져들고 맙니다. 터널에 들어가면 주변을 보지 못하듯이, 죽을 것을 알면서도 뛰어듭니다. 정청에 대한 분노가 이중구의 이성을 흐려 놓은 것이죠.

홀로 사무실에 도착한 이중구 앞에는 정청의 수하들이 늘어서 있었습니다. 하지만 이중구는 그들과 싸우려 하지 않습니다. 대신 위스키 한 잔을 선택하죠. 이길 수도 없고 도망갈 곳도 없으니까요. 생의 마지막이 될지도 모르는 순간에 중구는 어떤 모습으로 남느냐를 고민했던 것 같습니다. 본인의 외적인 모습에 신경쓰며 허영심에 끝까지 사로잡혀 있는 중구의 모습은 끝까지 싸우려 했던 정청의 모습과 대비되죠.

한편 이자성은 겨우 목숨을 건져 중환자실에 입원한 정청을 찾아갑니다. 모두를 밖으로 물린 정청은 할 말이 있다는 듯 산소 호흡기를 빼 달라고 부탁하는데요. 그가 이자성에게 남긴 말은 이제 선택할 때가 되었다는 것이었습니다. 그 말대로 이자성은 정청이 숨을 거둔 뒤 골드문 조직원으로 살 것인지, 경찰로 살 것인지 선택해야만 하는 순간을 맞이합니다. 여러분이라면 어떤 선택을 하시겠어요?

지선의 시선 – 경계에 선 자가 나아갈 곳

이 영화의 포스터에는 강 과장, 정청, 이자성의 모습 아래 '세 남자가 가고 싶었던 서로 다른 신세계'라는 문구가 적혀 있습니다. 그들이 가려 했던 신세계는 어디였을까요?

강 과장과 정청이 꿈꾼 세계는 비교적 단순했을 거라고 생각합니다. 강 과장의 경우에는 프로젝트에 열과 성을 다했으니 프로젝트의 성공 그 자체가 신세계라고 여겼을 듯해요. 정청의 신세계는 더욱 명쾌하죠. 골드문의 1인자를 목표로 삼았을 거예요. 남은 사람은 이자성이죠. 그는 대체 어떤 신세계를 그렸을까요?

영화의 실제 결말은 접어 두고 한번 상상해 보세요. 저는 이자성이 경찰 조직에 남았으리라고 생각했는데요. 애초에 경찰을 배신할 사람이 아니라는 점을 인정받아 골드문에 들어간 사람이기 때문입니다. 골드문의 실세라는 위치가 이자성에게 과연 매력적으로 보였을까 싶어요. 범죄 조직 내에서 높은 자리에 올라간다 한들 결국 범죄자일 뿐이니까요. 이자성에겐 명예

가 더 중요하지 않을까 생각했는데요. 여러분이 생각하는 이자
성의 선택은 어딜 향하고 있나요?

인지부조화cognitive dissonance

서로 불일치하는 생각이나 신념이 있을 때 발생하는 긴장. 우리의 행동
이 태도와 일관되지 않을 때 이러한 불일치는 심리적 긴장을 유발하고,
사람들은 이러한 부조화를 감소시키기 위해 흔히 태도를 변화시킨다.

10장

엇갈리는 시선들, 뒤얽힌 욕망들

〈버닝〉

Jisun Cinemind

버닝

(Burning, 2018)

세 명의 청춘인 종수, 벤, 해미가 우연히 만나게 되면서 이들 사이에서 벌어지는 미스터리한 사건을 다룬 영화. 종수는 아르바이트를 하다가 어릴 적 같은 동네에 살았던 해미를 만나고 그녀에게 호감을 느낀다. 해미가 아프리카 여행을 하는 동안 종수는 해미의 고양이를 돌봐 주고, 여행에서 돌아온 해미는 아프리카에서 만난 벤을 종수에게 소개한다. 그때부터 셋은 각자의 이유들로 서로 얽히고 점점 미스터리한 일들이 일어나게 된다.

장르	드라마, 미스터리
감독	이창동
각본	이창동, 오정미
원작	무라카미 하루키 《헛간을 태우다》
등장인물	종수 역 : 유아인 벤 역 : 스티븐 연 해미 역 : 전종서

소설가가 되기를 꿈꾸지만 당장의 생계를 위해 배달 아르바이트를 하고 있는 종수는 어느 날 어릴 적 친구였던 해미를 우연히 만납니다. 그는 해미에게 매력을 느끼고 사랑의 감정을 키우는데요. 해미의 마음은 도통 종잡을 수가 없습니다. 두 사람 사이에 벤이라는 남자가 등장하면서 세 사람의 관계는 알 수 없는 방향으로 흐르게 되죠. 이번에 함께 볼 영화는 서로 다른 세상을 살아가는 세 청년의 이야기를 다룬 영화, 〈버닝〉입니다.

혼자 보기보다는 같이 봐야 더 재밌는 영화가 있죠. 영화에 대한 각자의 생각과 해석을 나눌 때 그 의미가 더 풍부해지는 영화. 이창동 감독의 〈버닝〉이 바로 그런 영화가 아닐까 싶은데요. 벌써 여섯 번 이상 이 영화를 봤지만 매번 다르게 해석되고 또 새로운 생각이 열리는 것 같아요. 여러분은 어떻게 읽어내셨을지 궁금하네요.

그중에서도 '벤'은 도대체 어떤 사람인지 파악하기가 어려운 캐릭터죠. 벤이 가진 모호함은 무엇을 의미할까요? 장면 하나하나, 대사 한마디 한마디가 함축하고 있는 의미를 곱씹으며 영화 〈버닝〉을 함께 감상해 볼게요.

다른 세상에 사는 사람

S#1. 곱창전골 가게
아프리카 여행을 떠난 해미는 여행 중 만난 벤과 함께 입국하고⋯⋯. 곱창전골에 꽂혔다는 해미의 말에 벤은 해미와 종수를 자신의 단골 가게로 안내한다.

나란히 앉은 종수와 해미의 맞은편엔 벤이 앉아 있습니다. 해미는 종수 쪽으로 몸을 돌려 앉아 아프리카에서 본 노을 이야기를 해 주는데요. 사라지는 노을을 보며 눈물을 흘렸다는 해미는 그때의 감정이 북받쳐 오르는지 다시 한번 눈물을 보입니다.

이 장면에서 보이는, 해미를 향한 종수의 사랑을 여러분도 느끼셨나요? 두 남자가 한 여자를 동시에 바라보고 있지만 둘의 시선은 전혀 다릅니다. 카메라는 종수의 옆모습만을 담고 있죠. 정확히 어떤 표정을 짓고 있는지는 알 수 없지만 해미에게서 떨어지지 않는 시선, 살짝 벌어진 입을 통해 그 순간 종수가 해미에게 얼마나 집중하고 있는지를 엿볼 수 있습니다. 해미의 말을 정확히 이해하진 못해도 최선을 다해 귀를 기울이려는 그 노력이 종수의 마음입니다. 반면 벤은 흥미롭다는 듯 해미를 바라보고 있죠.

난 사람이 눈물을 흘리는 게 신기해. … 왜냐면 난 눈물을 흘리고 울어본 적이 없거든.

벤은 사람이 눈물을 흘리는 게 신기하다고 말합니다. 자신은 울어 본 적이 없다면서요. 눈물은 슬픔이란 감정의 증거라고 설명하죠. 실생활에서 누군가가 벤처럼 말한다면 어떨까요? 그 사람에게 가까이 다가갈 수 있을까 싶어요. 그런 사람을 만나는 것 자체도 어렵겠지만요. 벤이 저런 말을 아무렇지도 않게 하는 이유는 그 말이 다른 사람들에게 어떻게 들릴지 생각해 본 적이 없어서가 아닐까요. 전 '벤에게 친구가 있을까?'란 의문이 들기도 하더라고요. 진짜 친구라면 벤에게 "다른 사람들 앞에선 그런 말 하지 마"라고 말해 줬을 거예요. 충분히 사회적으로 학습할 수 있는 일임에도 불구하고 벤에겐 그런 사회적 경험이 없다는 의미기도 하겠죠.

그런 벤의 모습을 종수 역시 낯설게 느꼈나 봅니다. 종수는 벤에게 무슨 일을 하는지 묻는데요. 벤은 '그냥 노는' 일을 한다고 말합니다. 굳이 일할 필요가 없는, 축적된 부를 누리는 삶을 여실히 보여 주는 대사죠. 식사를 마치고 식당을 나선 세 사람은 두 대의 차 앞에 멈춰 섭니다. 하나는 벤의 고급 외제 차고 하나는 종수의 낡은 트럭이죠. 누가 뭐라고 말하지도 않았는데 종수는 트럭에서 해미의 여행 가방을 꺼내 벤에게 건네줘요. 종수 스스로 자신이 작다고 느낀 거겠죠. 전 이 장면이 정말 안타까웠어요.

세 사람이 함께 있는 상황 자체가 종수로서는 기분 나쁠 수도 있습니다. 관계를 정의하진 않았지만 종수와 해미는 서로 호감을 표하고 있었는데, 해미가 여행을 떠났고 종수는 해미가 돌아오기를 기다려왔어요. 도착하는 날 마중을 나와 달라고 먼저 부탁한 사람도 해미였죠. 보고 싶은 마음에 한달음에 달려간 게 무색하게도 해미는 별안간 다른 남자와 함께 돌아왔어요. 심지어 그 상대로 인해 열등감을 느끼기도 했죠. 〈버닝〉이 세 남녀의 사랑을 그림과 동시에 우리 사회의 빈부 격차, 권력과 계급 차를 보여 주는 영화가 아닌지 생각해 보게 되는 장면이기도 해요.

타인이라는 구경거리

S#2. 카페

며칠 후, 해미의 연락을 받은 종수는 설레는 마음을 안고 약
속 장소로 향한다. 하지만 그곳에는 벤도 함께 있었다.

자신을 기다리는 해미를 보고 반가운 웃음을 지었던 종수의
표정이 이내 굳고 맙니다. 종수에게 전화를 건 사람은 해미였
지만 자신을 초대한 사람은 다름 아닌 벤이었죠.

해미에게 좋아한다는 말조차 쉽게 하지 못하는 종수와 달리
벤은 해미를 참 편하게 대합니다. 손금을 봐 준다며 건넨 시답
지 않은 농담에도 해미의 얼굴은 환하게 피어오르죠. 벤의 말
을 가만히 들어 보면 대체 무슨 말을 하는 건지 모르겠고, 농담
인지 진담인지조차 헷갈립니다. 그런데 이상하게 마음이 동하
진 않았나요? 이러한 면모를 피상적 매력superficial charm이라고 하
는데요. 진심이 담겨 있지는 않으나 겉으로는 사람을 끌어당기
는 언변이 유창한 특성을 뜻합니다.

벤은 종수가 해미를 좋아한다는 사실을 모를까요? 눈치가
없어서 저렇게 행동하는 건 아닌 것 같아요. 오히려 종수의 마
음을 잘 알고 있어서 두 사람 사이를 헤집는 게 아닐까요? 벤은

해미와 종수를 철저하게 대상으로써 바라보고 있어요. 해미의 손금을 봐 주면서도 계속 종수의 표정을 살피잖아요. 종수의 감정이 벤에겐 재밌거리이기 때문은 아닐까요? 달리 말해 좋은 구경거리, 즉 흥미의 대상으로 바라보고 있는 것이지요.

벤은 두 사람을 자신의 집으로 초대합니다. 직접 요리를 해 주겠다면서요. 벤의 음식 솜씨를 칭찬하는 해미의 말에 벤은 이렇게 답합니다.

내가 요리를 좋아하는 건 내가 생각하고 원하는 걸 내 마음 대로 만들어낼 수 있어서야. 그리고 더 좋은 것은 내가 그 걸 먹어 버린다는 거지. 인간이 신에게 제물을 바치듯이.

들을수록 섬뜩하게 느껴지는 대사예요. 벤은 자기 마음대로 할 수 있어서 요리를 좋아한다고 말해요. 그리고 스스로를 신에 비유하고 있죠. 대인 관계는 아무리 최선의 노력을 다해도 마음처럼 되지 않잖아요. 이 대사를 들으니 '모든 걸 마음대로 조종하며 행복을 느끼는 벤이 대인 관계에서 과연 실패나 좌절을 느껴 봤을까' 하는 생각이 들었어요. 관계마저 뜻대로 움직일 수 있었다기보다는 아픔을 겪을 만한 진솔한 관계를 맺은 적이 없었을 것 같아요. 눈물을 흘린 적이 없다고 아무렇지 않게 말하던 것과 연결되는 지점이죠.

벤의 인간관계를 단적으로 보여 주는 장면이 있습니다. 친구들과의 술자리 장면인데요. 이 자리에 초대받은 해미는 아프리카에서 만난 부시먼족에 관한 이야기를 합니다. 그리고 진심을 다해 그들의 춤을 선보이죠. 하지만 벤의 친구들은 해미를 구경거리인 듯 바라봅니다. '벤이 또 신기한 애 하나 데려왔구나'라는 표정으로요. 그동안 벤이 데려왔을 무수히 많은, 해미와 같은 사람들이 있었음을 짐작할 수 있죠.

벤이 진심으로 해미를 좋아했다면 그 순간 친구들의 무례한 태도를 지적하거나, 혹은 춤을 추는 해미에게 공감을 보여 줬겠죠. 하지만 해미가 춤을 추는 모습은 벤에겐 하품이 나오는 지루한 광경일 뿐이었어요. 해미를 바라보는 벤과, 벤의 친구들의 모습 모두가 신경 쓰이는 종수와는 달리 말이에요.

불필요한 존재라는 판단

S#3. 종수의 집
해미와 벤은 종수네를 찾아간다. 해미가 잠든 사이 종수와 벤은 마당에서 단둘이 이야기를 나누는데…….

벤이 종수네를 찾은 데에는 이유가 있었죠. 그는 곧 태울 비닐하우스를 찾기 위한 사전 답사라고 표현하는데요. '비닐하우스를 태우는 취미'란 무엇을 의미할까요? 벤이 종수의 주위에서 다음으로 태울 비닐하우스를 찾는 까닭은 뭘까요?

'비닐하우스를 태운다'는 취미가 문장 그대로를 뜻한다고는 생각하지 않아요. 어떠한 행위를 은유하는 표현일 텐데요. 실제로 어떤 행위를 가리키는가와 관계없이 분명해 보이는 점은 벤이 저 행위를 오랫동안 해왔으리라는 거예요. 벤은 "오랜만에 태우는 재미가 있을 것 같아요"라고 말했어요. 그동안은 재미가 없었다는 뜻이죠. 해 보지 않았다면 나오지 않았을 표현이에요. 벤이 말하는 '비닐하우스'가 무엇을 의미하는지 정확히 알기는 어렵지만, 굳이 종수의 근처에서 찾고 있다면 종수와 관련된 무언가임을 암시했다고 볼 수도 있겠죠.

그런데 이 대화에서 가장 중요한 부분은 비닐하우스의 존재 가치를 판단하는 주체가 누구냐는 거예요.

- 쓸모없고 지저분해서 눈에 거슬리는 비닐하우스들. 걔네들은 다 내가 태워 주길 기다리는 것 같아요.
- 그게 쓸모없고 불필요한 건지는 형이 판단하는 건가요?

벤은 자신이 태우는 비닐하우스가 '쓸모없고 지저분'한 것이라고 표현해요. 종수는 그게 불필요하다는 판단을 내리는 주체가 누구냐고 묻죠. 대체 어떤 자격을 어떻게 갖춰야 무언가가 사라져도 좋은 쓸모없는 존재라고 판단할 수 있을까요? 종수는 한 대상의 가치를 함부로 판단하는 일이 얼마나 위험한지를 지적하고 있어요.

종수의 질문에 벤이 판단은 자신이 내린다고 대답하는 것이 아니라, "난 판단 같은 걸 하지 않고, 그냥 받아들인다"며 "그건 비 같은 것"이라고 모호하게 에두르는 대답을 합니다. 자연을 언급하며 자신을 다시 한번 신격화하는데요. 스스로 비닐하우스를 태우는 일은 명백한 범죄 행위라고 말한 사람답지 않게 자신의 행동을 인정하지도, 책임을 지지도 않는 태도를 보입니다. 벤의 오만함이 뚝뚝 묻어나는 지점이죠.

서로 다른 이유로 굶주린 사람들

S#4. 벤의 집
종수네를 방문한 이후 말도 없이 사라져 버린 해미. 그를 찾아 헤매던 종수는 벤에 대한 의심을 키운 끝에 벤의 뒤를 쫓기 시작한다.

종수는 벤을 찾아가 해미의 행방을 묻지만, 벤은 아는 바가 없다고 답합니다. 이후 종수는 벤의 뒤를 밟기 시작하는데요. 여러분이라면 아는 사람이 자신을 미행하고 있다는 사실을 깨달았을 때 어떻게 반응할 것 같으세요? 당연히 화를 내겠죠. 미행하는 이유에 대해 물을 테고요. 하지만 벤은 그런 질문 같은 건 하지 않습니다. 오히려 종수를 그냥 내버려 두죠. 그리고 자신이 원하는 시점에 종수에게 다가가 미행을 멈추게 만들어요. 자신을 미행하는 종수를 벤은 두려운 존재라고 생각하기보다는, 오히려 그렇게까지 해미에게 집착하는 종수의 태도를 역시나 흥미로운 대상으로, 구경거리인듯 바라보고 있는 것은 아니었을지요.

벤은 다시 한번 종수를 집으로 초대합니다. 종수는 이전에 벤의 집에 방문했을 때는 보지 못했던 고양이를 발견하는데요. 벤의 집에 손님이 온 순간 고양이가 집 밖으로 탈출하는 일이 벌어집니다. 종수와 벤, 벤의 손님이 고양이를 찾으러 나서죠. 주차장 구석에서 고양이를 발견한 종수는 조심스레 고양이를 부릅니다. 반응을 보이지 않자 '보일'이라고 불러 봐요.

보일은 해미가 키우던 고양이의 이름입니다. 해미가 아프리카 여행을 떠난 사이에 해미 집에 주기적으로 들러 보일에게 밥을 준 사람이 바로 종수였죠. 보일은 집 안 어딘가에 숨어 한

번도 모습을 드러내지 않았기 때문에 종수는 보일이 어떻게 생겼는지 알지 못합니다. 다만 보일이라는 이름에 벤의 고양이가 반응했다는 점에서 종수는 벤이 해미의 고양이를 데려왔다고 확신하게 되죠.

고양이의 습성에 대해 잘 아시는 분들은 종수와는 다른 생각을 하실 수도 있을 것 같아요. 다만 여기서 중요한 부분은 저 고양이가 실제로 보일인가 아닌가보다는 종수가 보일이라고 생각했다는 점이 아닐까 싶어요. 그 확신으로 종수는 벤에게 해미에 대해서는 더 할 얘기가 없다고 말하죠. 얼마 후 종수는 자신의 동네로 벤을 부릅니다.

S#5. 종수의 동네
벤이 종수를 기다리고 있다. 해미와 같이 보자던 종수는 홀로 약속 장소에 모습을 드러내고 벤을 살해한다.

종수가 손에 쥔 칼에 몸을 내준 벤은 힘없이 늘어지며 종수에게 매달립니다. 여러분은 이 순간에 벤이 지은 표정을 어떻게 읽으셨나요? 벤은 자신을 미행하던 종수를 두려워하지 않았듯이 종수가 자신을 죽이고 있는 순간에도 그에게 두려움을 느끼고 있진 않은 것 같아요. 전 오히려 그 순간 벤이 안도감을 느끼고 있는 것은 아닐까하는 생각이 들었는데요.

잠시 해미가 벤의 친구들 앞에서 아프리카 부시먼족의 춤을 추던 장면으로 돌아가 볼게요. 해미는 '리틀 헝거little hunger'가 '그레이트 헝거great hunger'로 변모해가는 모습을 온몸으로 표현합니다. 해미의 표현을 빌리자면 리틀 헝거는 '그냥 배가 고픈 사람', 그레이트 헝거는 '삶의 의미에 굶주린 사람'을 가리켜요. 영화 〈버닝〉 속 세 청년, 해미와 종수와 벤은 각각 어디에 해당할까요?

종수는 소설가란 꿈을 품고 있습니다. 하지만 하루하루를 버텨내기에 급급한 '리틀 헝거'에 머물러 있는 상태죠. 해미 역시 녹록지 않은 날들을 살아가고 있었지만 인생의 의미와 가치를 찾고자 아프리카로 떠났어요. 돌아와서도 그 마음을 놓지 않았으니 '그레이트 헝거'라고 볼 수 있겠죠. 이 점이 종수가 해미를 사랑하게 된 이유가 아닐까요?

벤은 '헝거', 굶주림 자체를 느끼지 않는 것은 아닐까요? 삶에 대한 고뇌가 없는 대신 즐거울 것도 치열하게 이룰 것도 없는 것처럼요. 해미를 향한 종수의 사랑은 벤에겐 한낱 구경거리에 불과했어요. 해미를 통해 삶의 의미를 깨닫고, 또 잃어버리게 된 종수가 자신에게 달려드는 모습을 봤을 때 벤은 무엇을 느꼈을까요? 삶에 대한 종수의 간절함이 닿는 순간 벤 역시 살아 있음을, 그에 대한 안도와 행복을 느끼진 않았을까요? 동시에 자신은 절대로 종수 같은 사람이 될 수 없다는 슬픔 또한 느꼈겠죠. 벤의 표정이 그러한 복합적인 감정이 혼합된 표정은 아닐지요.

그런 면에서 저는 종수의 행위를 살인이라는 범죄 행위라기보다는 은유에 가깝다고 보았습니다. 종수가 손에 칼을 들겠다는 결심을 하기 전까지는 벤과 종수 사이의 우열이 확실했죠. 그런데 이 장면에서 보여 준 종수의 행동에 벤은 저항조차 하지 못해요. 그저 종수에게 매달려 있을 뿐이죠. 늘 우위를 점하고 있던 벤의 위치가 처음으로 내려오게 된 거예요. 두 사람의 관계가 전복됐다는 데 의의가 있는 장면이라고 생각해요.

지선의 시선 - 불안한 세상에서 인간답게 살기 위하여

제가 이 영화에서 가장 중요하다고 생각하는 장면이 있는데요. 벤과 해미가 자신의 집에 다녀간 이후 종수는 다시 일상으로 돌아갑니다. 아르바이트 면접을 보려고 물류 센터에 찾아가 다른 청년들과 함께 일렬로 서서 관리자를 기다리죠. "좌에서 우로, 번호"라는 관리자의 말에 청년들은 "하나", "둘"이라며 번호를 외쳐요. 세 번째로 서 있었던 종수의 이름은 자연스레 '셋'

이라는 숫자로 대체됩니다. 그리고 이내 종수는 뒤돌아서 그곳을 나오죠.

그간 종수에게 가장 중요했던 건 하루하루 생계를 유지하는 것이었어요. 종수가 물류 센터를 나선 순간에도 어려운 상황은 여전히 이어지고 있었죠. 그럼에도 불구하고 종수는 그곳을 떠나는 '선택'을 한 거예요. 사람을 사람으로 대하지 않고 숫자나 번호로 대하는 비인격적인 취급을 당연하게 받아들이지 않겠다는 의지의 표현이죠. 이 영화가 말하고자 하는 주제 의식이 함축된 장면이라고 생각했는데요.

영화 〈버닝〉은 이 시대 젊은이들의 모습을 그리고 있어요. 여러분의 마음속에 자리한 가장 큰 불안은 무엇인가요? 아마 불확실성이 아닐지요. 세상에 떠밀려 불안을 헤치며 살아가는 것만으로도 매일같이 바쁠 거예요. 그렇기 때문에 물류 센터를 떠나기로 한 종수의 결정이 더욱 중요한 것 아닐까요? 무엇 하나 확신할 수 없는 세상에서 유일하게 분명한 사실은, 결과가 어찌 되든 결정의 주체는 나 자신이라는 것뿐이니까요.

11장

범죄심리학에
관심 있다면
꼭 봐야 할 영화

〈세븐 데이즈〉

Jisun Cinemind

세븐 데이즈

(Seven Days, 2007)

유능한 변호사 지연에게는 하나밖에 없는 초등학생 딸 은영이 있다. 딸의 운동회에 참가했던 날, 눈 깜박할 사이에 딸이 납치당한다. 그리고 범인에게 전화가 걸려오는데, 그의 요구 조건은 살인범 용의자인 정철진을 무죄 판결 받게 변호하여 7일 안에 석방하라는 것. 7일이라는 제한된 시간 동안 지연은 살인범임이 확실해 보이는 정철진을 석방시키기 위해 분투하게 된다. 복잡한 상황과 대립 구도를 흥미롭게 풀어낸 법정 영화이자 스릴러물.

장르	범죄, 스릴러
감독	원신연
각본	윤재구
등장인물	유지연 역 : 김윤진 김성열 역 : 박희순 한숙희 역 : 김미숙 정철진 역 : 최무성

승률 99%를 자랑하는 유능한 변호사 유지연의 딸, 은영이 납치되면서 영화는 시작합니다. 영화 제목으로 쓰인 세븐 데이즈, '7일'은 유괴범이 지연에게 제안한 시간입니다. 7일 안에 살인죄로 수감된 정철진이라는 인물을 무죄로 석방시키면 딸아이를 돌려보내 주겠다는 건데요. 여타 유괴 사건 속 범인들과는 다른 모습이죠. '돈'이 아닌 '살인범의 무죄 석방'이라는 특이한 범죄 동기를 가진 납치범이 아이를 데려간 진짜 목적은 무엇일까요? 지연은 과연 7일 안에 무죄 판결을 이끌어낼 수 있을까요?

〈세븐 데이즈〉에서는 두 가지 사건이 전개됩니다. 지연의 딸 유괴 사건과 정철진이 연루된 살인 사건이 등장하죠. 저는 변호사인 지연이 사건을 풀어나가는 과정을 보면서, 이 영화의 시나리오가 범죄심리학에 대한 탄탄한 사전 조사 위에서 완성됐다고 느꼈어요. 영화 속 장면과 대사 등이 범죄심리학과 어떻게 연결되는지 짚어가며 〈세븐 데이즈〉를 함께 감상해 볼게요!

대낮의 유괴범

> S#1. 초등학교 운동장
> 목요일, 은영의 운동회가 열리는 날. 계주 경기가 한창이다.
> 은영의 배턴을 이어 받은 지연이 달리기 시작하는데……

늘 바빠서 평소 딸에게 충분한 시간을 할애하지 못했던 지연이 오늘만큼은 최선을 다해 달립니다. 가장 먼저 결승선을 통과한 지연은 환하게 웃으며 딸 은영을 부르죠. 그런데 은영은 보이지 않습니다.

운동장은 수백 명의 학생과 학부모가 엉켜 있어 분주합니다. 모두 박 터트리기 경기에 참여하느라 여념이 없어요. 지연은 사람들 사이를 헤집으며 은영을 찾지만 아이의 모습은 보이지 않습니다. 잠깐 자리를 비운 게 아니죠. 은영은 납치당했습니다. 운동회 날의 운동장이라니 아이가 납치된 범행 장소라기엔 너무나 이질적이지 않나요? 바로 이 지점에서 유괴범에 대한 첫 번째 단서를 엿볼 수 있습니다.

상황을 정리해 볼게요. 아이는 대낮에, 사람이 굉장히 많은 운동장 한복판에서 납치됐습니다. 만약 누군가 아이를 억지로 데려가려 했다면 아이는 저항했을 거예요. 그 상황을 의심스럽게 바라보는 목격자가 아주 많았겠죠. 범인이 무력을 쓰는 대신 아이에게 신뢰를 얻을 수 있는 방법으로 접근했을 가능성을 염두에 둬야 합니다.

범인이 아이를 유괴한 목적이 다소 특이하죠. 대부분의 유괴범은 아이의 몸값을 받을 목적으로 범행을 저지르는데 영화 속 유괴범이 원하는 대가는 돈이 아닙니다. 현재 살인죄로 수감 중인 정철진의 변호를 맡아 무죄 판결을 받아내라고 요구해요. 유능한 변호사인 지연의 능력을 이용하기 위해서 그의 딸을 납치한 겁니다. 혼비백산해서 유괴범의 전화를 받은 은영과는 달리 범인은 차분한 어조로 자신이 원하는 바를 말합니다.

그 사람은 절대 사형 선고를 받아서는 안 돼요. 억울한 누명을 썼거든요. 나는 변호사님이 그 사람을 좀 꺼내 줬으면 해요.

범행 목적만큼이나 독특한 범인의 면모를 잘 보여 주는 부분이 바로 말투예요. 여러분은 유괴범의 말투가 대개 어떨 거라고 생각하시나요? 아이를 유괴할 정도라면 반사회적 성향을 갖고 있을 테고 거친 말을 사용하지 않을까 하는 추정을 충분히 해 볼 수 있죠. 그런데 범인은 상대방을 무시하고 있지도, 공격성과 폭력성을 드러내지도 않아요. 오히려 '그 사람을 꺼내 줬으면 해요'라며 예의를 갖춰 말하고 있습니다. 마치 부탁을 하는 것 같지만 부탁도 아니에요. 더 정확히 말하면 예의를 갖춘 척 할 일을 지시하고 있다고 볼 수 있는데요. 이 통화 내용을 듣다 보니 범인의 직업이 무엇일지 정말 궁금해졌습니다. 범인이 평소 '권위'에 굉장히 익숙한 사람으로 보이거든요.

치밀하지만 치밀하지 않은 범행

S#2. 변호사 사무실
일요일. 정철진이 연루된 살인 사건에 관해 사무장이 브리핑한다.

지연의 딸이 유괴된 시점으로부터 약 한 달 전, 20대 여성이 실종되는 사건이 발생합니다. 피해자의 이름은 장혜진. 미대 조소과에 재학 중인 대학원생이었죠. 우유 배달원이 피해자의 집 문틈에서 흘러나온 피를 보고 경찰에 신고한 결과 피범벅이 된 피해자의 거주지가 드러납니다. 하지만 피해자는 어디에도 보이지 않는 상태였죠. 보름 후에야 미사리 습지에서 시신으로 발견됩니다.

이 사건의 범인으로 지목된 사람이 정철진입니다. 피해자의 거주지에서 발견된 지문과 발자국 등이 모두 그의 것과 일치했기 때문인데요. 검찰로서는 정철진이 금품을 목적으로 침입했다가 피해자를 살해한 게 아닌가 하고 의심할 만한 현장 상황이었던 거죠. 심지어 정철진은 강간, 폭행 등의 전과 5범 이력을 보유한 인물이었습니다. 여러 정황이 유력 용의자로 정철진을 가리키고 있죠. 결국 정철진은 기소되어 강도 살인죄로 사형을 선고받습니다.

그런데 유괴범이 요구한 건 정철진의 형을 줄여 달라는 것이 아닙니다. 무죄 판결을 받아내라는 것이었는데요. 여러분의 생각은 어떤가요? 정철진이 아닌 또 다른 진범이 있을 가능성이 있다고 보시나요? 전 영화에서 너무 정철진을 범인으로 몰아가고 있는 게 의심스럽기도 하더라고요.

가장 먼저, 범인이 전과자라는 이유로 해당 사건의 범인이라고 예단해서는 안 되겠죠. 이 사건 현장의 특이점은 범인이 현장에 자신의 지문과 발자국을 그대로 남겨 뒀다는 점입니다. 다급하게 빠져나갔다는 건데요. 그러면서도 피해자의 시신은 수습하여 현장에서 이동시켰죠. 이상하게 느껴지지 않나요?

범인은 시신을 범죄 현장이 아닌 다른 곳에 일부러 이동시켜 유기했습니다. 증거 인멸을 위해 노력했다는 의미죠. 그런데 현장에 지문과 발자국이 남아 있다는 것은 증거 인멸을 위해 노력하지 않은 행위입니다. 범행을 행한 현장 속 남아 있는 범죄 행동들이 서로 모순되고 있어요.

S#3. 국과수(조 박사 사무실)

월요일. 국과수를 찾아간 지연. 조 박사가 피해자의 시신에서 드러난 특이점을 설명한다.

범인은 피해자의 얼굴을 '이렇게까지 할 필요가 없는' 수준으로 훼손했습니다. 이유가 뭘까요? 조 박사는 두 가지 가능성을 제시합니다. 첫 번째 이유는 피해자의 신원을 못 알아보게 하기 위해서, 두 번째 이유는 아는 사람이기 때문인데요. 피해자의 시선을 견디지 못해 사물로 격하시킨 심리적인 이유에 의한 행위입니다. 두 가지 중 범인이 피해자의 얼굴을 훼손시킨 진짜 이유는 무엇일까요?

경찰은 피해자의 얼굴로 신원을 알아내는 데 어려움을 겪었을 거예요. 하지만 신원을 파악하는 방법은 DNA 감식, 치아 감식, 지문 대조 등 다양합니다. 얼굴만 훼손한다고 해서 조사를 막기는 어렵죠. 저는 조 박사가 말한 두 번째 가능성에 더 무게를 둡니다. 피해자의 얼굴을 지움으로써 인격을 지우는 비인격화depersonalization 기제에 따른 행동으로 보여요. 이를 통해 죄책감을 덜어내고자 했다면 피해자와 범인은 면식 관계일 가능성이 높겠죠.

시신에서 발견된 특이점은 이뿐만이 아닙니다. 범인은 시신의 체모를 모두 제거하고 알코올로 깨끗이 닦아내기까지 했어요. 혹시라도 남아 있을지 모를 자신의 흔적을 지우기 위해서였겠죠. 시신 유기에서 나타난 증거 인멸을 위한 노력이 또다시 보이는 지점입니다.

법의학자 조 박사는 아주 흥미로운 지점이라며, 범인에게서 질서형과 무질서형의 특성이 혼합돼서 나타난다고 말합니다. 실제 상황에서는 법의학자가 아닌 범죄심리학자가 이 분석을 했을 거예요. 조 박사가 이야기한 내용은 FBI의 살인 사건 유형 분류법organized versus disorganized에 소개된 범인 유형입니다. FBI는 수십여 명의 연쇄 살인범을 면담한 후 그들을 두 부류로 나누었는데요. 질서형 범죄자the organized offender는 계획적이고 체계적으로 범행을 저지르는 특성을 가집니다. 반면 무질서형 범죄자the disorganized offender는 범행 수법이 체계적이지 못한 특성을 띠는데요. 주로 감정적인 이유로 우발적이고 충동적으로 범행을 저지르기 때문입니다.

그런데 장혜진을 살해한 범인은 이 두 가지 특성을 모두 갖고 있습니다. 지문, 발자국 등이 그대로 남아 있는 채로 어질러진 범행 현장은 범인이 무질서형 범죄자임을 드러내죠. 하지만 체모까지 깨끗이 제거된 채 집으로부터 먼 곳에 유기된 시신은 범인이 질서형 범죄자일 가능성을 열어 둡니다. 어떻게 된 일일까요? 여기서 공범일 가능성 또한 의심해 볼 수도 있습니다. 만약 각각의 성향을 가진 두 명의 범죄자가 함께 범행을 저지른 것이라면 말이죠.

그렇다면 한 사람의 소행이라고 설명할 순 없는 사건일까요? 아닙니다. 실제 범죄자 중에도 이와 비슷한 경우를 찾아볼 수 있습니다. 예상치 못한 상황에서 살인을 저질렀지만 사후 처리에는 익숙한 범인들이 두 가지 특성을 함께 보여 줍니다. 이 FBI의 살인 사건 유형 분류법에도 한계가 있습니다. FBI가 이 분류법을 낸 것이 1980년대의 일인데요. 이후 이를 반박하는 연구들은 처음부터 끝까지 질서형인 범죄자도, 무질서형인 범죄자도 없다고 말합니다. 체계적으로 계획한 범죄라고 하더라도 범죄 상황에서 발생하는 변수에 의해 계획한 대로만 범행이 이뤄지진 않는다는 거죠. 두 가지 유형 중 한 유형이 주로 나타나는 경우는 있지만 완벽히 한 가지 특성만 띠는 범죄 현장은 드물다는 것입니다.

굳게 잠긴 문을 열 수 있었던 이유는?

S#4. 장혜진의 집

월요일. 지연은 장혜진의 엄마 숙희를 찾아가 장혜진이 살던 집을 둘러보게 해 달라고 요청하지만 거절당한다. 결국 열쇠 수리공을 불러 몰래 들어가려 하는데…….

아, 이거 유니칸 시리즈 아버지도 못 열어요!

마니아들 사이에서 얼마나 유명한 건데.

이거 우리나라에 안 들어왔을 텐데…….

열쇠 수리공을 불렀으나 헛수고였죠. 지연은 결국 문을 부수고 피해자의 집으로 들어가 범죄 현장을 둘러봅니다. 깨끗이 정리된 현장 위에 루미놀 용액을 뿌리자 루미놀에 반응한 핏자국이 드러나는데요. 현장에 남아 있는 혈흔을 보면 가해자와 피해자 사이에서 어떤 상호 작용이 일어났는지 추론할 수 있습니다. 혈흔을 따라 사건을 재구성해 볼게요.

핏자국은 거실 소파에서 시작돼 화장실로 이어집니다. 소파에서 공격당한 피해자가 화장실 방향으로 도망쳤음을 알 수 있죠. 하지만 화장실 앞에서 범인에게 붙잡혀 살해당한 것으로 보입니다. 지연은 피해자가 소파에서 범인과 대화를 나누다가 목숨을 잃었다고 추론합니다. 범인과 피해자가 면식 관계라는 주장이죠.

면식범에 의한 소행이라는 지연의 주장을 뒷받침하는 근거가 하나 더 있는데요. 바로 자물쇠입니다. 지연이 현관문을 부수고 들어가야 했던 이유는 우리나라에서 쉽게 구할 수 없다는 자물쇠로 잠겨 있었기 때문입니다. 앞서 살펴본 열쇠 수리공의 대사는 외부 침입이 불가능한 현장에서 범행이 일어났음을 전달하는 중요한 대사였던 것이죠. 열쇠 수리공도 열지 못하는 문을 범인은 어떻게 열었을까요? 범인과 피해자가 서로 아는 사이라면 들어가기가 어렵지 않았을 겁니다.

하지만 정철진과 피해자는 비면식 관계입니다. 그렇다면 정철진은 살해범이 아닌 걸까요? 어느 한쪽으로 사건 내용을 단정하기 힘든 상황이 이어지는 가운데 가장 중요한 증거가 등장합니다. 부검 결과 범행 도구는 헤라로 밝혀지죠. 헤라는 조소 작업에 쓰이는 톱처럼 생긴 조각도입니다. 조소과 학생이었던 피해자에 집에 있었을 법한 도구죠. 즉, 범인이 범행을 위해 일부러 준비한 도구가 아닌 거예요. 현장의 물건을 범인이 우발적으로 사용했을 가능성이 드러난 셈입니다.

부검으로 밝혀진 또 하나의 사실은 피해자의 입에서 소량의 환각제가 발견됐다는 점입니다. 피해자의 시신에서 약물이 검출됐으니 범인이 계획적으로 약물을 주입해 살해했다고 생각해 볼 수도 있는데요. 그러나 현장 상황, 범행 도구 등을 통해 우발적 범죄가 일어났을 확률이 높은 상황이라면 약에 취한 피해자를 대상으로 한 범행일 가능성에 더 무게가 실립니다.

지금까지 정철진이 연루된 살인 사건에 관해 살펴봤습니다. 지연이 이 사건을 조사하는 이유는 유괴된 딸, 은영을 구하기 위해서죠. 유괴범은 7일이라는 기한을 줬고 어느새 5일이 흘렀습니다. 남은 시간은 겨우 이틀. 유괴범에게서 또다시 전화가 옵니다.

S#5. 공터

화요일. 은영이 알레르기 반응을 일으켰다는 유괴범의 전화를 받은 지연. 알레르기 약을 챙겨 유괴범이 지정한 장소로 향하는데…… 그곳에서 은영의 옷가지가 든 상자를 발견한다.

아이의 옷을 발견하고 울음이 터진 지연에게 유괴범이 전화를 걸어옵니다. 지연의 모습을 어딘가에서 지켜보고 있었을 유괴범은 은영의 알레르기약과 차 키를 빨리 전달하라고 다그치죠. 차 키를 달라고 한 이유는 지연이 자신을 쫓는 것을 막기 위함이고, 알레르기 약을 요구한 이유는 무엇일까요?

범인은 은영이 알레르기 반응을 일으켰다는 사실을 지연에게 전하면서 "경찰에 알리든 말든 은영이 상태가 심상치 않으니까 빨리 와야 할 겁니다"라고 말했습니다. 그동안은 지연과 경찰의 접촉을 막기 위해 협박을 이어왔는데 갑자기 태도를 바꿨어요. 자신이 유괴한 아이, 은영이를 살리기 위해서 말이죠. 기묘한 일입니다. 유괴한 아이를 살리려는 유괴범이라뇨.

범인은 지연에게 개인적 원한이 있어 납치를 저지른 사람이 아닙니다. 정철진의 무죄 석방이라는 목적을 위해 지연을 도구로 이용했을 뿐이에요. 범인이 아이의 옷가지를 지연에게 전달한 이유기도 합니다. 지연은 딸을 구하기 위해 정철진 사건을 조사하고 있습니다. 아이의 물건을 통해 지연을 격려하면서 정철진을 무죄 석방할 수 있도록 동기를 북돋고 있는 것이죠.

살인범을 변호하라!

S#6. 법정

수요일. 지연은 평소 약물을 복용했고 남자관계가 문란했던 장혜진이 만나던 남자들 중 한 명에게 살해당한 것이라며 정철진을 변호한다. 이후 예상치 못한 증인이 등장하는데…….

법정에서 지연이 미처 예상치 못한 증인이 등장합니다. 정철진의 동거녀 최경숙인데요. 최경숙은 정철진이 사건 발생 두 달 전부터 피해자에게 마약을 판매했다고 말합니다. 사건 당일 그가 약값을 수금하러 피해자를 만나러 갔음이 밝혀지죠. 피해자와 정철진이 면식 관계였던 것입니다. 피해자 스스로 정철진에게 문을 열어 줬고 환각 상태에 있던 피해자를 정철진이 공격하다 살해했을 가능성을 뒷받침하는 결정적인 증언이 나온 건데요. 정철진을 변호하던 지연은 수세에 몰리게 됩니다.

새로운 증거가 절실한 상황에서 지연은 결정적인 물건을 찾아냅니다. 범인이 시신을 유기하는 데 사용한 것으로 보이는 피해자의 차가 한 폐차장에서 발견되는데요. 그 안에는 피해자의 남자 친구였던 강지원의 피어싱이 있었습니다. 강지원은 사건 당일 병원에 입원해 있었기 때문에 용의선상에서 제외되었지만, 알고 보니 그의 입원은 조작된 알리바이였죠. 굳이 알리바이를 만들어냈다는 점에서 강지원은 또 다른 유력 용의자가 됩니다.

사건 당일 강지원은 피해자와 함께 있었지만 약에 취해 사건 당시 상황을 기억하지 못한다고 주장합니다. 정신을 차리니 피해자가 사망한 상태여서 시신을 피해자의 차량에 싣고 집으로 도주했으며, 이를 발견한 자신의 아버지가 시신을 처리해 유기했다는 것이죠. 강지원이 피해자를 살해했는지 여부는 정확히 알 수 없습니다. 그러나 시신 처리와 증거 인멸에 개입한 정황이 있어요. 지연이 재판에서 승기를 잡을 기회가 찾아온 그때, 강지원의 아버지 강상만이 강지원에게 불리한 증거 자료를 없애 버립니다.

증거를 잃은 지연은 어떻게 정철진을 변호할까요? 지연은 범행 현장에서 엿보이는 무질서형의 특징은 정철진의 소행이라고 말합니다. 그가 우발적으로 피해자를 살해하고 현장을 빠져나갔다는 것이죠. 그리고 사후 처리는 뒤늦게 정신을 차린 강지원과 그의 아버지 강상만이 한 일이라고 말합니다. 지연은 정철진에 대한 변호를 포기한 걸까요?

지연이 해야 할 일은 진짜 살인범을 밝히는 것이 아닙니다. 정철진의 무죄 판결을 이끌어내는 것이죠. 지연은 증거가 없음을 이용한 것입니다. 강지원이 범인이라는 증거도 없지만 정철진이 피해자를 살해했다는 가장 명확한 증거인 범행 도구 역시 발견되지 않았다는 논리를 펴요. 증거재판주의에 따라 흉기가 발견되지 않았음을 강조하며 무죄 선고를 이끌어냅니다.

범행 도구가 발견되지 않았다는 이유로 무죄가 선고되는 건 현실과는 거리가 먼 이야기입니다. 일례로, 2015년 대구 금호 강에서 발생한 살인 사건에 사용된 도구는 아직까지 발견되지 않았습니다. 심지어 목격자조차 없었죠. 그럼에도 불구하고 재판부는 범인에게 유죄 판결을 내리고 무기징역을 선고했습니다. CCTV에 찍힌 범인의 독특한 보행 방법이 증거로 채택됐는데요. 범행 도구가 발견되지 않더라도 여러 다른 증거들이 있다면 범행 사실이 인정될 수 있음을 보여 주는 사례이기도 합니다.

영화 속 사건이 실제로 일어났다면, 범행 도구가 발견되지 않았다고 하더라도 피해자와의 몸싸움 과정에서 피해자의 손톱 밑 등 신체에 정철진의 DNA 증거가 남아 있는지 등의 여부 또한 중요하게 작용했을 거예요.

지선의 시선 - 법 대신 개인이 처벌한다?

이 영화의 진짜 묘미는 유괴범의 정체가 밝혀지는 마지막 반전에 있습니다. 구체적인 내용은 영화를 통해 직접 확인해 보시길 권해 드려요. 이 반전 안에 제가 〈세븐 데이즈〉를 여러분에게 소개하고 싶었던 이유가 담겨 있습니다.

최근 만들어지고 있는 영화, 드라마 등을 보면 사법체계와 상관없이 개인이나 집단이 사적으로 범인을 처벌하는 '사적 제재'에 관한 콘텐츠들이 부쩍 많아진 것 같아요. 그런 개인이나 집단은 소위 영웅으로 칭송받기도 하죠. 법이 처벌하지 못하는 범죄자들이 처벌당하는 것을 보는 사람들로 하여금 통쾌하게 해주기 때문이 아닐까요. 최근 사람들이 갖고 있는 법 감정과 실제 범죄자들에게 내려지는 형량에 차이가 있다는 것을 말해주는 현상이기도 한데요.

정의 실현이 목적인 범죄 역시 범죄일 뿐이죠. 범행 이유가 정당하다고 하더라도 범행 사실 역시 정당화될 수는 없습니다. 다만 사적 제재가 왜 이 시대의 화두가 되었는지, 사람들이 왜 사적 제재를 다루는 콘텐츠에 통쾌함을 느끼는지를 이 영화 〈세븐 데이즈〉의 반전을 음미하면서 한번 생각해 보시면 좋을 것 같아요.

12장

살인범은 살인범을 정말 알아볼 수 있을까?

〈살인자의 기억법〉

Jisun Cinemind

살인자의 기억법

(Memoir of a Murderer, 2017)

연쇄 살인범이었던 김병수는 더 이상 살인을 하지 않고 지내다가, 어느 날 갑자기 본인이 알츠하이머에 걸린 것을 알게 되고, 그의 딸은 병수에 게 녹음기에 모두 다 습관처럼 녹음해서 기억하라고 한다. 김병수는 우연히 접촉사고로 민태주를 만나게 되고, 그 역시 자신과 같은 살인자임을 직감한다. 김병수는 그를 연쇄 살인범으로 신고하지만 민태주는 경찰이었고, 아무도 병수의 말을 믿지 않는다. 민태주는 김병수의 딸 은희 곁을 수상하게 맴돌고, 김병수는 혼자 민태주를 잡기 위해 필사적으로 기록한다. 그러나 기억은 자꾸 끊기고, 더욱이 이전의 살인 습관들이 되살아난 병수는 망상과 실제 사이에서 혼란스러워진다.

장르	미스터리, 스릴러
감독	원신연
각본	황조윤, 원신연
원작	김영하《살인자의 기억법》
등장인물	김병수 역 : 설경구 민태주 역 : 김남길 은희 역 : 김설현

17년 전, 의문의 교통사고로 머리를 다친 이후 알츠하이머에 걸린 김병수. 동물 병원을 운영하며 딸 은희와 함께 지내던 어느 날, 그가 사는 동네에서 의문의 연쇄 살인 사건이 발생합니다. 범인의 행방이 오리무중인 가운데 병수는 스스로를 의심하는데요. 그 역시 사고를 당하기 전에는 수십 년간 살인 행각을 이어온 연쇄 살인범이었기 때문입니다. 그러다 우연히 마주친 한 남자, 민태주를 본 병수는 그가 범인이라고 확신합니다.

　과연 살인자가 살인자를 알아본 걸까요? 영화 속 사건의 진범은 누구일까요? 김병수가 살인을 저질러 놓고 기억하지 못하는 걸까요? 아니면 민태주라는 또 다른 살인범의 소행일까요? 사건에서 드러나는 범행 수법과 동기를 비교해 보면 눈치챌 수 있습니다. 영화 속 내용의 어디까지가 김병수의 망상이고 어디까지가 실제 일어난 일인지 생각하면서 〈살인자의 기억법〉을 함께 감상해 볼게요.

범인이 나일지도 모른다

S#1. 김병수의 집
강화군에 거주하는 스물여섯 살 여성 임 모 씨의 시신이 발
견됐다는 뉴스가 보도되고 이를 본 병수는 다급히 자신의 신
발을 확인하는데…….

김병수가 사는 강화군에서 여성이 의문의 범인에게 살해당
한 사건이 발생한 건 이번이 처음이 아닙니다. 한 달 전에도 농
수로에서 여고생의 시신이 발견됐는데요. 두 시신 모두에서 목
과 양 손목에 결박흔이 발견되는 등 유사점이 나타남에 따라
경찰은 연쇄 살인범의 소행일 가능성에 무게를 두고 있다는 보
도가 나옵니다.

범인은 시신을 여행 가방에 담아 다른 장소로 옮겨 유기했
습니다. 사후 처리가 가능한 자신만의 공간을 보유했을 거라는
추론을 해 볼 수 있겠죠. 또한 신체적 힘이 필요했을 테니 비교
적 연령대가 낮을 거라는 추측을 해 볼 수 있습니다. 두 시신은
지리적으로 멀지 않은 위치에서 발견됐는데, 실제 범죄자들은
시신 유기 시 10분만 이동해도 굉장히 오랜 시간 이동했다는
느낌을 받는다고 말합니다. 다른 사람의 눈을 피하고 시신의

악취를 숨겨가며 옮겨야 하잖아요. 예민해진 상황인 만큼 조금만 이동해도 굉장히 멀리 간 듯한 느낌을 받는 거죠. 시신을 가지고 장거리를 이동하지는 못한다는 의미입니다.

지리적 프로파일링에서는 이를 완충지대buffer zone 이론으로 설명하는데요. 범행은 범죄자의 거주지 근처와 그가 잘 모르는, 지리적으로 떨어진 곳 사이의 심리적 완충지대에서 일어난다는 이론입니다. 범죄자는 비교적 자신이 잘 아는 공간 안에서 범행을 저지르고 시신을 유기한다는 것이죠. 영화 속 강화군 연쇄 살인 사건의 범인 역시 시신이 발견된 장소에서 멀지 않은 곳에 거주하고 있을 가능성이 큽니다.

뉴스를 보던 김병수는 급하게 신발장으로 달려가 자신의 신발을 확인합니다. 시신이 발견된 현장의 갯벌에 범인의 흔적으로 보이는 발자국이 발견됐다는 보도를 듣고 혹시 신발에 진흙이 묻어 있지는 않은지 확인한 것이죠. 신발은 깨끗했지만 병수는 과거 살인자였던 시절의 습관이 몸에 배어 있는 것이 아닐까 하고 스스로를 의심합니다. 살인을 저지르고도 자신의 알츠하이머 병세로 인해 기억을 못 하는 걸까봐 말이죠.

없어져야 할 사람을 없앤 것뿐

S#2. 김병수의 방
노트북에 일기를 쓰기 시작하는 병수. 자신이 저지른 첫 살
인의 기억을 떠올린다.

병수가 처음으로 살해한 인물은 다름 아닌 그의 아버지였습
니다. 어린 시절, 가정 폭력에 시달려오다 우발적 살인을 저지
른 것이죠. 살인범의 전과 분포를 보면 4분의 1이 전과 5범 이
상으로 나타납니다. 살인을 저지르기 전 최소 다섯 번 이상 다
른 범죄를 저지른 경험이 있음을 의미해요. 그리고 4분의 1에
해당하는 살인범은 전과가 없는 초범입니다. 김병수처럼 우발
적으로 특정한 상황의 영향하에 살인으로 첫 범죄를 저지른
사람들이죠. 이러한 경우는 재범의 위험성이 상대적으로 낮습
니다.

어린 병수는 충동적 성향으로 여러 범죄를 저지른 아이가 아
닙니다. 오랜 시간 학대당한 끝에 학대 대상을 살해하기는 했
지만 이는 우발적인 행동이었죠. 결과적으로 범죄의 동기가 사
라졌으니 제대로 처벌을 받았다면 출소 후 더 이상 범죄를 저
지르지 않았을 수도 있습니다. 아버지를 죽인 그날 밤 병수는

밤새 이불 속에서 두려움에 떨었습니다. 하지만 다음 날에도 그다음 날에도, 자신을 잡으러 오는 사람은 아무도 없었다고 말합니다. 살인죄에 대한 대가를 치르지 않은 거죠. 병수의 마음에 자리 잡았던 두려움은 사라졌고 그는 또 다른 살인을 이어가게 됩니다. 실제로 처벌의 부재는 재범 위험성을 높이는 요소 중 하나입니다.

세상엔 꼭 필요한 살인이 존재한다는 걸 나는 그때 알았다. 그 이후로 나는 살인을 계속했다.

병수는 자신의 살인은 살인이 아닌 '청소'라고 말합니다. '죽어 마땅한 쓰레기 같은 인간들'을 죽였다며 마치 살인에 대의 명분이라도 있는 양 정당화하고 있죠. 병수는 사명감형 범죄자 유형을 띠고 있는데요. 명분이 필요한 이유는 오히려 자신이 하려는 일이 잘못된 일이란 걸 알고 있기 때문이죠. 연쇄 살인범들 가운데에는 이처럼 자신의 범죄가 어떠한 명분이 있는 것처럼 정당화하려는 경향을 보이는 경우가 많습니다.

망상일까, 거짓말일까

S#3. 삼거리

대숲으로 가던 병수는 접촉 사고를 낸다. 차에서 내린 병수
는 상대 차량의 접촉 부위를 확인하던 중 트렁크에서 피가
떨어지는 것을 확인하는데······.

김병수가 트렁크에서 떨어지는 피를 의심스럽게 바라보자
차 주인인 민태주는 노루가 갑자기 뛰어들었다고 말합니다. 이
런 상황에서 여러분이라면 어떤 생각을 했을 것 같으세요? 노
루가 아닌 사람의 피를 봤다고 확신할 사람은 많지 않을 거예
요. 보통 사람들은 흐르는 피를 봤다고 해서 살인이라는 단어
를 쉽게 떠올리지는 않죠.

하지만 김병수는 민태주가 살인범일 거라고 확신에 가득 찬
어조로 "저놈은 살인자다"라고 말합니다. 어린 시절부터 생명
의 위협을 느껴온 사람의 경우 상대가 자신에게 위협이 되는
사람인지 아닌지를 파악하는 데 능숙한 모습을 보이기도 하는
데요. 밝히지 않으면 밝힌다고 생각해서 힘의 서열을 파악하는
일을 중요하게 여깁니다. 병수 역시 강한 생존 욕구와 강자를
알아보는 감각을 갖고 있죠. 그는 태주를 경계하기 시작합니다.

병수는 녹음으로 기록해 둔 차량 번호를 경찰에 제보하면서 차주가 최근 발생하고 있는 강화군 부녀자 연쇄살인 사건의 용의자로 의심된다고 신고합니다. 하지만 경찰이었던 태주는 쉽게 의심을 피해 가죠. 태주의 말대로 병수의 오해였을까요? 아니면 우리 모두 태주의 거짓말에 속고 있는 걸까요?

> S#4. 저수지
> 강화군 부녀자 연쇄 살인 사건 조사에 착수한 병수. 저수지에서 커다란 여행용 가방을 발견하게 되는데…….

민태주를 의심하는 김병수는 사건 조사에 들어갑니다. '나라면 어떻게 했을까?'라는 가정을 하면서요. 범죄자의 입장에서 추리하려는 것이죠. 범죄자와 일반인은 때로는 전혀 다른 사고방식을 보이기도 합니다. 이 점을 잘 보여 주는 질문이 하나 있어요. 10분 이동할 경우 3천 원을 받고 1시간 이동할 경우 5만 원을 받는다면 여러분은 어떤 선택을 하실 건가요? 후자를 택하는 분들이 대부분일 텐데요. 우리에게는 당연한 이 대답이 범죄자들에게는 당연하지 않을 수 있습니다.

특히 미래의 더 큰 가치를 위해 현재의 욕구를 참아내고 통제하는 것을 만족 지연delayed gratification이라고 해요. 범죄자들은 순간의 욕구를 조절할 줄 아는 만족 지연 능력이 현저히 떨어집니다. 1시간을 투자하면 5만 원이라는 더 큰 이득을 얻을 수 있는데도 그 시간을 견디지 못해요. 3천 원이라는 작은 이득이라도 빨리 손안에 넣는 것을 더 중요하게 생각합니다. 당장 눈앞에 보이는 이득을 추구하는 데 급급하죠.

살인범의 눈높이로 사건을 돌아본 병수는 한 저수지에 도달합니다. 그곳에서 20대 여성의 시신이 든 여행용 가방을 발견하죠. 앞서 발견된 두 구의 시신은 모두 부패하기 전, 비교적 빠르게 발견됐습니다. 범인은 살인을 굳이 숨기려고 하지 않았어요. 과거 시신을 대숲에 묻어 은닉했던 병수와는 다른 특성을 보이죠. 17년 전 병수가 저지른 사건에서는 다양한 연령대의 남녀가 희생당한 데 반해 이번 사건의 범인은 젊은 여성만을 대상으로 범행을 이어가고 있습니다. 이는 두 사건이 동일범의 소행이 아닐 가능성을 말해 줍니다.

하지만 17년 전과 마찬가지로 사건 발생 장소가 강화군이라는 점, 범인이 시신들을 각기 다른 장소에 유기했다는 점, 김병수가 범행을 그만둔 지 17년이라는 시간이 흘렀다는 점을 고려할 때 병수의 소행일 가능성을 닫아 둘 수만은 없습니다. 오랜 기간 범죄를 저지른 사람이 범행을 더욱 손쉽게 은폐하는 방향으로 수법을 바꾸는 것은 충분히 가능한 일입니다.

병수의 알츠하이머 증세는 날이 갈수록 심각해집니다. 딸 은희의 목을 조르는 일까지 발생하죠. 딸이 걱정된 병수는 은희를 택시에 태워 수녀원에 있는 자신의 누나에게 보냅니다. 그런데 여기서 반전이 드러나죠. 병수의 누나는 어릴 적 자살했고, 지금까지 병수가 본 누나의 모습과 함께 나눈 대화는 모두 병세로 인한 망상이었습니다. 그리고 은희가 탄 택시 안에는 태주가 있었죠.

범죄를 저지르기 위한 변명

S#5. 농가
은희를 구하기 위해 달려온 병수는 태주와 몸싸움을 벌인다.

병수의 목을 조르면서 은희를 바라보는 태주의 표정이 섬뜩하게 느껴지는 장면이죠. 태주는 자신이 벌인 일이 마치 은희를 위한 일이라는 듯 이렇게 말합니다.

살인자의 딸로 평생 사는 것보다 차라리 다행이잖아?
사는 게 지옥이었을 텐데.

앞서 병수가 보여 줬던 범죄의 정당화, 합리화 기제를 엿볼 수 있는 대사입니다. 태주 역시 범죄자적 성격criminal personality을 띠는 인물이죠. 과거에는 범죄의 원인이 폭력성, 충동성 등 성격적 특징이라고 봤는데요. 그보다 중요한 부분은 범죄자의 사고입니다. 어떻게 생각하느냐가 문제죠. 대부분의 범죄자들이 범죄 행각을 벌이는 건 정신 질환적 문제가 있어 나쁜 일이라는 사실을 몰라서가 아닙니다. 자신이 범죄를 저지르는 데에는 이유가 있다고 생각해요. 죄책감을 면하고자 변명거리를 끊임없이 찾는 겁니다.

민태주는 머리의 흉터를 은희에게 보여 주며 자신의 과거를 떠올립니다. 엄마를 괴롭히던 아빠를 죽이려던 순간 태주의 머리를 다리미로 내려친 엄마 때문에 남은 상처죠. 엄마는 아들이 살인자가 되는 걸 막고자 했을 테지만 태주는 엄마가 아빠 대신 자신을 쳤다는 사실에 더 집중합니다. 믿었던 대상에 대한 배신감을 드러내며 "여자들은 다 똑같아"라고 말하죠. 당시의 증오가 현재까지 이어져 여성을 해치는 살인범이 됐다는 변명입니다.

저는 이 장면에서 '민태주와 김병수는 다른 사람이구나'라고 생각했어요. 만약 과거와 현재 사건의 범인이 모두 병수라면 전혀 다른 서사와 범행 동기를 가진 태주라는 인물은 등장할 수 없었을 것 같아요. 각자가 다른 배경을 가진 독립적인 사람이기에 영화 속 전개가 가능하지 않았을까 싶었는데요. 여러분의 생각은 어떤가요?

지선의 시선 - 일반인은 알 수 없는 범죄자의 사고방식

영화의 마지막은 긴 터널 속에서 서서히 걸어 나오는 김병수의 모습으로 장식됩니다. "네 기억은 믿지 마라, 민태주가 살아 있다"라는 의미심장한 대사가 나오면서 병수의 얼굴에 경련이 일어나고 화면이 암전된 뒤 끝이 나죠. 관람하는 내내 눈앞에서 펼쳐지는 이야기가 실제인지 망상인지 고민하게 만들었던 영화는 마지막에 이를 때까지도 머릿속 의심을 떨칠 수 없게 합니다. 그 점이 이 영화의 묘미인 것 같아요.

〈살인자의 기억법〉이 다소 어렵다고 느낀 분들도 있었을 거예요. 그만큼 살인자와 일반인의 사고방식이 얼마나 다른지 잘 보여 주는 영화라는 생각이 듭니다. 영화 속에 나오는 범죄자들의 합리화 기제를 일반인의 마음으로 다 이해하기는 어려울 테죠. 범죄자의 사고와 우리의 사고 사이에 얼마나 큰 괴리가 있는지 생각해 보는 기회가 됐길 바랍니다.

13장

천재가
인생의 난제를
푸는 방법

〈굿 윌 헌팅〉

Jisun Cinemind

굿 윌 헌팅

[Good Will Hunting, 1998]

어린 시절 당한 학대 때문에 세상에 굳게 마음을 닫고 사는 청년 윌 헌팅. 사실 그는 수학, 역사, 법률 등 모든 분야의 학문에 천재적인 재능을 가지고 있었다. MIT에서 청소부로 일하고 있는 윌은 수학과 램보 교수의 수학문제를 풀어내면서 그의 눈에 들게 되고, 램보 교수는 자신의 대학 동기인 숀에게 윌을 부탁한다. 제멋대로에 거칠기만 했던 윌은 숀 교수와 함께 이야기할수록 과거의 상처를 치유하며 조금씩 변화하기 시작한다. 윌과 윌의 친구 척으로 분했던 배우 맷 데이먼과 벤 애플렉은 이 영화로 아카데미 시상식 각본상을 수상했고, 숀 교수 역할의 로빈 윌리엄스는 남우조연상을 수상했다.

장르	드라마
감독	구스 반 산트
각본	맷 데이먼, 벤 애플렉
등장인물	윌 헌팅 역 : 맷 데이먼 척 설리번 역 : 벤 애플렉 숀 매과이어 역 : 로빈 윌리엄스 스카일라 역 : 미니 드라이버

사람들이 이 영화를 '천재에 관한 영화'라고 표현하는 경우가 많은 것 같아요. 맞아요. 〈굿 윌 헌팅〉은 수학에 뛰어난 재능을 가진 MIT 공대 건물의 청소부가 수학과 교수를 만나 성장하는 이야기입니다. 이 영화가 그저 천재를 소재로 해서, 많은 사람들의 마음속에 인생 영화로 자리하는 걸까요? 누구의 마음에나 결핍이 있고, 천재 같은 특별한 사람도 결핍을 치유하기까지 어려운 과정을 겪는다는 점을 관객에게 전달하기 때문에 사람들의 공감을 이끌어낸 게 아닐까요?

　영화의 내용을 짧게 요약하자면 다음과 같아요. 어린 시절 여러 차례 파양당하고, 학대와 폭력에 노출된 채로 자란 주인공 윌 헌팅은 분노를 폭력으로 표출합니다. 그는 자신의 천재성을 알아본 MIT 수학과 램보 교수와 수학 난제를 연구하는 한편, 램보 교수가 소개한 심리학 교수 숀과 심리 상담을 이어나갑니다. 또한 펍에서 만난 스카일라와 연애를 하며 친구 척과 인생에 대한 다양한 고민을 나누기도 합니다. 큰 사건 없는 잔잔한 영화 같지만 감상하다 보면 어느샌가 묵직한 위로를 느낄 수 있죠.

놀랍게도 이 영화의 각본은 윌 역을 맡은 배우 맷 데이먼이 하버드 재학 시절 과제로 쓴 시나리오에서 시작됐어요. 20대 초반의 나이에 인간을 이해하고 인생의 파도를 넘어서는 법을 누구나 알 수 있도록 쉽게 시나리오로 풀어냈다는 사실이 충격적이었어요. 심지어 대사 한마디 한마디에 큰 울림이 있거든요. 이번에 저와 함께 〈굿 윌 헌팅〉을 보시면서 어떤 말이 위로가 되었는지, 지금 겪고 있는 괴로운 문제들을 어떻게 헤쳐나가면 좋을지 생각해 보면 좋겠어요.

들키고 싶은 비밀

S#1. MIT 수학과 강의실 앞 칠판

윌은 청소를 하다가 칠판에 쓰인 수학 난제를 목격한다. 바로 MIT 수학과 교수이자 수학계의 노벨상인 필즈상을 수상한 램보 교수가 낸 문제. 그는 문제를 푸는 학생에게 특혜를 주겠다고 했지만, 아무도 해결하지 못한 상황이다. 윌은 단번에 이 문제를 풀고 사라지는데…….

관객들은 이 장면을 통해 윌이 배움을 경험하지 못했음에도 스스로 문제를 풀 수 있는 천재라는 걸 알게 됩니다. 그런데 정말 수학을 사랑한다면 집에 가서 혼자 풀어도 될 텐데, 왜 윌은 굳이 칠판에 선전포고라도 하듯 정답을 쓰고 간 걸까요?

저는 이 부분에서 윌의 두 가지 마음이 충돌하고 있다고 생각했어요. 일단 윌에게는 '내가 이 문제를 풀 정도로 똑똑하다는 사실을 남들에게 보여 주고 싶다'라는 과시욕이 있어요. 그렇기 때문에 공개된 장소인 칠판에 정답을 써놓고 유유히 떠난 거죠. 하지만 청소부가 수학 난제를 해결했다는 게 모두에게 알려지면 그의 삶 전체가 완전히 변할 수도 있잖아요? 상상해 보니 너무 두려워서 답을 쓴 뒤 도망간 건 아닐지요.

영화 후반부에 비슷한 장면이 여러 차례 나오는데 윌은 변화가 필요해지는 순간이 오면 멀리 달아나 버립니다. 제가 좋아하는 책 구절 중에 이런 말이 있어요. "어떤 사람들은 자신이 진정으로 갈망하는 것을 알고 싶어 하지 않는다. 만약 그것을 알게 되면 자신의 삶을 바꿔야 할지도 모르기 때문이다."(캐럴 피어슨, 《나는 나》) 윌 역시 발견되고 싶다는 욕망과 이대로 주저앉아 있고 싶다는, 불만족스럽긴 하지만 현재에 그대로 머무르고 싶다는 마음 사이에서 갈등하고 있는 셈이에요.

과시욕을 드러내는 윌의 행동을 영화 속에서 하나 더 발견했는데요. 그가 친구 척과 방문한 펍에서 하버드대 학생인 스카일라를 처음 만난 대목에 주목했습니다. 다른 하버드대 학생이 스카일라에게 관심을 받기 위해 역사와 철학에 대해 열심히 떠들자, 윌은 그 학생이 말하는 내용이 어느 책에 수록된 이야기임을 한 번에 알아내고 창피를 줍니다.

빅커스의 《저스 에식스 카운티의 작업》 98페이지를 인용한 거지, 안 그래? 나도 읽어 봤어.

만약 누군가 제 앞에서 책 얘기를 하며 페이지를 언급한다면 굉장히 생각이 많아질 것 같아요. '아 이 사람에 대해 분석해 봐야겠다'는 필요를 느낄 것 같은데요. 이런 사람에 대해 할 수 있는 첫 번째 가정은 '저 구절을 너무 좋아해서 자연스럽게 페이지 언급이 나오는 건가?'예요. 뒤이어 '이 사람 외로운가? 친구가 없나? 본인이 똑똑한 사람이란 걸 보여 줘야 한다는 생각을 왜 하게 됐을까?'라는 생각이 들겠죠. 윌도 스카일라에게 호감이 있어서 페이지를 언급했을 수 있지만 이를 통해 과시욕을 드러냈다고 볼 수도 있어요. 여러분도 만약 누군가가 책의 페이지수까지 읊어가며 대화를 이어간다면, 상대방에게 어떤 의도가 있을지 한번 살펴보는 것도 재미있는 경험이 될 거예요.

버림받은 이들에겐 의미 없는 미래

> S#2. 법정 안
>
> 램보는 자신이 칠판에 적어 놓은 수학 난제를 해결한 장본인이 청소부 윌이란 사실을 알게 된다. 수소문 끝에 그를 만난 곳은 바로 법정 안. 윌이 길거리에서 폭력을 휘둘렀고 이 때문에 재판을 받게 된 것이다. 판사는 윌이 세 번의 파양을 당했고 그에게 전과 기록이 있음을 언급하며 이번에는 수감을 피할 수 없을 거라고 말한다.

판사가 윌에 대해 설명하는 장면을 보니 윌의 행동이 제 눈에 들어오더라고요. 잘 살펴보면 윌은 판사가 자신의 전과에 대해 이야기할 때는 감정의 동요를 크게 일으키지 않아요. 그런데 파양과 신체적 학대에 대해 언급하자 감정적으로 동요하는 모습을 보이죠.

천재적인 두뇌를 가지고 있는 윌이 어쩌다 끊임없이 범죄를 저질러 전과 기록을 갖게 된 걸까요? 마음속에 분노가 많아서일까요? 청소부 일을 하며 살아가는 윌에게 전과가 많이 쌓여 있는 이유를 이렇게 추측해 볼 수 있어요. 첫 번째로 윌은 행동의 결과를 고려하기보다는, 본능적으로 감정이 폭발하는 타이밍에 그대로 나서서 신체적 공격성을 표출하는 것 같아요. 두 번째로 생각해 볼 만한 부분은 윌에게 파양과 학대의 경험이 있다는 점이에요. 이런 경험을 가진 이들이 주변 사람들을 폭력적인 행위로 시험하는 경우가 있어요. '내가 이렇게 하는데도 안 떠날래?'라고 묻는 거죠. 특히 자신을 좋아하는 사람들한테요. 스스로를 파괴하면서까지 버림받을 가능성을 계속 테스트해 보는 거죠.

사람은 누구나 더 큰 보상을 위해서 작은 보상을 뒤로 미룰지 여부를 고민하고 결정을 내리잖아요. 작은 보상을 미루겠다고 결심하려면 더 큰 만족을 얻을 때까지 참고 견디는 인내력이 필요하죠. 앞서 설명한 것처럼 이런 보상을 만족 지연이라고 하는데요. 사람들은 보통 미래를 위해 현재의 고통을 견디고, 그 과정 속에서 장밋빛 미래를 꿈꿔요.

한 아이가 입양되어 가면서 행복한 생활이 펼쳐지리라 기대했는데, 파양당해서 다시 돌아왔어요. 다음번에 다른 집으로 입양이 결정돼서 또 희망을 품었는데 다시 파양이 돼요. 이런 패턴을 반복적으로 겪은 아이는 미래를 예측하고 계획을 세우는 일이 의미 없다고 생각할 거예요. 그것보다는 그때그때 하고 싶은 대로 하는 것이 더 이득이라고 여기죠. 그 결과 충동적이고 본능적으로 행동할 가능성이 높아져요. 윌 역시 참고 기다려서 더 큰 걸 이루겠다고 마음먹는 대신 당장의 감정을 행동으로 옮겼기 때문에 전과가 쌓인 거라고 볼 수 있어요.

램보는 윌의 전과와 폭력성에 대해 알게 됐지만, 그를 밀어내지 않고 함께 수학 연구를 하자고 제안합니다. 윌의 석방을 도울 테니 수학 난제를 함께 풀고 심리 상담을 받으라는 조건을 걸어서요. 윌은 만나는 심리치료사들을 모두 모욕하거나 괴롭힙니다. 앞서 언급했듯이 그들을 테스트한 거죠. 결국 수많은 심리치료사들이 윌을 포기해요. 램보 교수는 자신의 대학 시절 룸메이트였던 심리학 교수 숀을 떠올리고, 숀은 램보의 부탁으로 윌을 상담하게 됩니다. 과연 윌과 숀이 어떤 대화를 이어나갈지 계속해서 보시죠.

S#3. 숀의 상담실 안
처음 만나게 된 숀과 윌. 윌은 이전에 만난 심리치료사들에게 그렇게 했듯이 숀에게도 모욕을 주려 한다. 숀의 질문에는 대답하지 않고 그에게 약점이 될 만한 주제들을 찾아 헤매던 윌은 숀에게 사별한 배우자가 있다는 사실을 눈치채고 그 부분을 자극하는데…….

윌과 숀의 첫 상담 장면을 보면서 답답함을 느끼신 분들이 많을 거예요. 숀이 A를 얘기하면 윌은 Z를 얘기하고 있거든요. 사실 윌의 목적은 하나죠. 숀이 화를 내면서 '나 이 상담 못 한다'라는 말을 하게끔 만드는 거예요. 윌은 일부러 '나는 당신 말 안 듣는다, 당신을 무시한다'라는 태도를 보여 줘요. 이를테면 금연 구역인 상담실 안에서 담배를 피우고, 숀의 지식을 대놓고 의심하죠. 그런데 숀은 윌의 의도를 훤히 알고 있는 것 같아요.

상담자인 숀의 목적도 하나예요. 윌이 자신과 진짜 대화를 하게끔 이끄는 거죠. 숀은 윌이 자꾸 다른 이야기를 꺼내도 참아가며 질문을 이어나갑니다. 이 장면을 자세히 보시면 윌이 방 안을 둘러보면서 뭔가를 찾아요. 도대체 숀의 약점이 뭘까 하고 하나씩 다 꺼내 보며 확인하죠. 애를 썼지만 숀이 잘 말려들지 않으니, 윌은 이렇게 생각한 거예요. '내가 이 사람을 진짜 화나게 하려면 더 세게 가야겠다'라고요. 숀이 그림 앞에서 배우자에 대한 이야기에 반응하자 반색하는 윌의 얼굴이 화면에 잡혀요. '이거구나, 이게 약점이구나' 싶었던 거죠.

숀은 순간 감정이 상한 모습을 보여요. 자신의 배우자를 모욕한 윌의 멱살을 잡고 목을 조르죠. 저는 이때 오히려 윌이 안도했을 수도 있다고 생각했어요. 윌은 자신이 무례했다는 사실을 너무나 잘 알거든요. 이제까지 만난 다른 상담가들은 실제 마음이 그렇지 않은데도 고매한 척, 교양 있는 척하는 태도를 취하면서 뒤로는 월을 버렸잖아요. 하지만 숀은 자신의 행동에 진심을 다해 반응했어요. 그 순간 월은 '어쩌면 이 사람은 나랑 같은 부류의 사람이 아닐까'라고 느꼈을 것 같아요.

내 이야기를 하지 못하는 이유

S#4. 숀의 상담실 안
다음 상담에서 숀은 지난번에 월이 그림 앞에서 한 이야기를 언급하며, 월은 지식이 많지만 인생에 대해서는 아직 전혀 모르는 어린애라고 지적한다.

내 눈에는 네가 지적이고 자신감 있다기보다 오만이 가득한 겁쟁이 어린애로만 보여. 하지만 넌 천재야. 그건 누구도 부정 못 해. 그 누구도 네 지적 능력의 한계를 측정하지도 못해. 그런데 달랑 그림 한 장 보고 내 인생을 다 안다는 듯 내 아픈 삶을 잔인하게 난도질했어.
너 고아지? 네가 얼마나 힘들게 살았고 네가 뭘 느끼고 어떤 애인지 《올리버 트위스트》만 읽어 보면 다 알 수 있을까? 그게 너를 다 설명할 수 있어?

손은 이 말을 하면서 화를 내고 있지 않아요. 도리어 '너와 대화할 준비가 되었다'라고 명확하게 표현하고 있죠. 월이 한 무례한 행동을 봤음에도 불구하고 상대방에 대해서 더 알고 싶다고 이야기하는 거예요. 손의 일침을 들은 월은 아무 말도 못 해요. 이전과는 좀 다른 태도를 보이는데요. 아마 이때 느꼈을 거예요. '이 사람은 이제까지 내가 봤던 상담가들이랑은 다르구나'라고요. 그렇다면 월은 바로 손에게 마음을 열고 대화를 나누었을까요? 아뇨. 이어지는 다음 상담에서 월과 손은 한 시간 동안 한마디도 하지 않습니다.

월 같은 사람이 가장 두려워하는 질문 중 하나는 '너는 뭘 좋아하니? 너의 생각은 뭐니?'일 거예요. 실제로 영화 속에서 누군가 월의 취향과 생각을 묻자 월은 정확한 답변을 피합니다. 왜냐면 그건 월의 과거 상처와 직접적으로 관련이 있기 때문이에요.

이 세상에는 아주 나쁜 사람들이 있잖아요. 월이 지금껏 만난 어른들처럼요. 월의 양부모들은 자기보다 약한 아이의 약점을 잡아내서 괴롭히고 버려왔어요. 보통 어린아이들은 좋아하는 것들이 뭔지 천진난만하게 이야기하잖아요. 나쁜 어른들을 만나왔던 아이는 그런 이야기를 어려워해요. 자신이 좋아하는 것에 대한 이야기가 나오면 그 물건을 눈앞에서 파괴하기도 해요. 좋아하는 무언가가 내 약점이 되기도 하니까요. 어른이 되어서도 이 화제를 두려워하고 무엇을 원하고 욕망하는지에 대한 생각 자체를 스스로 차단하죠. 그래서 윌은 손을 쉽게 믿지 못하고, 손의 진심을 알면서도 입을 열지 않아요. 그렇다면 손은 왜 말을 하지 않은 걸까요?

손은 윌의 침묵을 견뎌야 그의 신뢰를 얻을 수 있어요. 상담이란 내담자를 돕는 일인데, 윌은 누군가가 자신을 돕는 상황을 제대로 겪어 보지 못했을 가능성이 크거든요. 오히려 돕는 척하는 사람을 믿었다가 배신당한 경험이 더 많을 거예요. 침묵이 흐르던 순간 윌은 누구보다 손을 믿고 싶었을 테지만, 쉽게 사람을 믿었다간 상처를 입을 수 있으니 조심스러웠겠죠.

윌의 이런 태도는 연인인 스카일라 앞에서도 드러납니다. 윌은 스카일라에게 자신의 가족 관계와 성장 과정에 대해 거짓말을 하죠. 스카일라는 윌의 말이 거짓임을 알면서도 더 캐묻지 않아요. 많은 사람이 누군가와 사귀고 싶다고 표현할 때 이렇게 말하잖아요. '네가 어떤 사람인지 알아가고 싶다'라고요. 하지만 윌은 상대방이 자기에 대해 알게 되면 자기를 버릴 것이라는 두려움을 갖고 있기 때문에, 스카일라에게 진실을 털어놓지 않습니다.

내가 진짜 욕망하는 것

S#5. 펍 안

한편 램보와 숀은 윌의 미래에 관해 논의한다. 램보는 윌의
정서를 치유하는 일보다 그의 천재성을 일깨워 활용하는 일
이 중요하다고 주장한다. 반면 숀은 윌의 마음을 들여다보고
치유하는 일이 먼저라고 이야기한다. 둘은 말다툼을 벌인다.

결론부터 말씀드리자면 저는 숀의 말에 한 표를 던집니다.
공부는 결국 혼자 하는 거예요. 램보는 "이건(윌의 장래를 결정
하는 건) 너무 중요한 일"이라고 말하는데, 뒤에 생략된 말은
"이건 나한테 중요한 일"이에요. 램보는 매우 자기중심적인 인
물이거든요.

　사실 영화 초반부터 그런 장면들이 나와요. 램보 교수는 청
소부 윌을 찾아 헤매면서 MIT 수학과 건물을 '내 빌딩'이라고
표현합니다. 이곳의 모두가 자신을 알 거라는 거만함에서 나온
말이죠. 램보는 사소한 일을 할 때도 조교를 데리고 다니며 온
갖 일을 시켜요. 숀에게 윌의 상담을 부탁하러 가던 날에는 숀
이 강의 중인 교실에 불쑥 문을 열고 들어갔습니다. 같은 교수
입장에서 생각하면 몹시 화가 날 수 있는 일이에요. 하지만 램

보는 개의치 않죠. 이러한 램보의 성향을 고려했을 때, 윌이 좋은 회사에 들어가는 건 윌보다는 램보 자신의 눈높이에서 봤을 때 더 "중요한 일"이 아닐까요?

램보의 이야기를 듣던 숀은 테드 카진스키가 누구인지 아냐고 묻습니다. 16세에 하버드대 수학과에 입학해 25세에 UC버클리대 교수가 된 사람이에요. 말 그대로 천재죠. 문제는 정서적 발달이 덜 된 상태로 자신보다 나이가 많은 사람들과 섞이면서 점점 사회성이 결여되었다는 점이에요. 교수 생활에 어려움을 겪은 그는 학교를 그만두고 산속으로 들어가 은둔 생활을 합니다. 급기야 그곳에서 폭발물을 제조해 테러를 일으켜요. 자신의 천재적인 재능을 사람을 해치는 데 쓴 거죠.

성인이 되면 내가 원하는 직업이나 목표가 정말 나를 위한 건지, 아니면 부모님이나 사회가 바람직하다고 생각하는 바를 스스로 원한다고 여기는 건지 꼭 따져 봐야 해요. 과거에 초등학생들의 장래 희망 1위가 공무원이던 시절이 있었잖아요. 초등학생들에게 공무원이라는 직업이 무슨 의미가 있겠어요. 그리고 한국 사회에서 '너 꿈이 뭐니?'라는 질문은 사실 '희망 직업'을 물어보는 것일 텐데요. 그런데 꿈이 직업일 필요는 없잖아요. 결국 부모님이 원하는, 혹은 사회에서 열망하는 안정성을 아이들이 자신의 욕망이라고 착각하면서 성장하는 거죠. 그러다 보면 이게 내가 진짜 원하는 건지, 그렇다고 믿게 된 건지 자신도 구분할 수 없게 돼요.

이 영화 속에는 자신이 원하는 바를 명확하게 알고 표현할 줄 아는 사람이 한 명 있어요. 바로 윌의 연인 스카일라죠. 스카일라는 윌에게 캘리포니아로 함께 떠나자고 제안해요. 지금 이들이 있는 곳은 보스턴, 미국 동부 끝자락이에요. 캘리포니아의 위치는 서부 끝쪽이고요. 즉 미국인에게 보스턴에서 캘리포니아로 이동한다는 건 생활 양식을 완전히 바꾸는 엄청난 변화를 의미하죠.

스카일라는 이 제안이 윌에게 부담스러울 거라는 사실을 너무 잘 알고 있어요. 꺼내기 어려운 이야기였겠죠. 대부분의 사람은 상대방이 거절할지도 모른다는 두려움 때문에 속마음을 쉽게 밝히지 못하지만 스카일라는 본인의 감정을 충실하게 따라 '나는 너랑 같이 가고 싶다'라고 말해요. 스카일라와 달리 여전히 두려움을 안고 있는 윌은 이렇게 대답해요.

캘리포니아에 함께 갔다가 혹시나 내게서 네가 싫어하는 점을 발견하면 같이 가자고 했던 말을 후회하게 될지도 몰라. 돌이킬 수 없는 중대한 문제라고. 그러면 난 캘리포니아에 발이 묶일 거고 너는 나와 함께할 마음이 없어질 거고 반품해 버렸으면 하고 바라겠지.

캘리포니아로 함께 떠나자는 스카일라의 말은 사랑 고백이기도 하잖아요. 그런데 윌은 전혀 행복해하거나 즐기지 못하고 또다시 버림받을까 봐 걱정해요. '반품'이라는 단어에 그러한 감정이 고스란히 드러나죠. 과연 윌은 두려움을 극복하고 앞으로 나아갈 수 있을까요?

It's not your fault

S#6. 숀의 상담실 안
스카일라와 헤어지고 힘든 나날을 보내는 윌. 숀의 상담실 문을 연 윌은 뜻밖의 광경을 목격하게 된다. 램보와 숀이 윌의 미래를 두고 또다시 말다툼을 벌이고 있었던 것. 숀은 윌을 상담실 안으로 데리고 들어와 그동안 하지 않았던 이야기를 시작한다.

숀은 자신도 아동 학대의 피해자이며, 그간 윌이 겪어온 일은 전부 "너의 잘못이 아니야"라고 이야기해 줘요. 처음엔 '나도 안다'라며 그만하라고 말하던 윌은 숀이 같은 말을 계속 반복하자 결국 울음을 터뜨리고 숀에게 안겨서 오열합니다. 아마 많은 분들이 이 영화에서 가장 많이 기억하고 좋아하는 장면일 거예요.

윌이 감정적으로 반응한 몇 안 되는 장면이기도 하죠. 윌은 영화 초반에 자신에게는 치료가 필요 없다는 말을 할 때도 감정적으로 반응했어요. 치료를 받는다는 건 문제가 있다는 점을 인정하는 거잖아요. 그런데 윌은 피해자인데, 가해자는 자신에게 저지른 잘못에 대해서 사과한 적이 없어요. 그러니까 윌 입장에선 자신은 잘못한 게 없는데, 자꾸 세상은 윌에게 뭔가 잘못됐다고 하니 화가 날 수밖에 없죠.

저는 이 부분에서 숀이 핵심을 짚었다고 생각해요. 윌은 줄곧 "너 때문이다, 너의 잘못이다"라는 말을 들어왔겠죠. 정작 그가 평생 듣고 싶어 했던 말은 숀이 했던 "너의 잘못이 아니다"였을 거예요.

지선의 시선 - 인생에도 학습이 필요하다

이 영화의 명대사로는 "너의 잘못이 아니다"가 꼽히지만, 사실 제가 가장 좋아하는 대사는 따로 있어요. 스카일라의 대사인데요. 어느 날 윌이 빨리 데이트하러 가자면서 스카일라의 과제를 대신 해 주겠다고 제안해요. 하지만 스카일라는 넘어가지 않죠. 그리고 "나는 이걸 배워야 해. 이걸 배우는 게 나한텐 정말 중요해"라고 얘기하거든요. 얼핏 들으면 그냥 성실한 모범생의 굳은 의지 표명 같지만, 저는 이 말에 인생의 자세가 담겨 있다고 생각해요.

천재인 윌은 배우지 않아도 모든 답을 알고 있어요. 하지만 스카일라는 요행을 바라지 않고, 과정 속에서 진짜 정답을 알아가려고 하죠. 영화 속에서 숀이 내내 하는 이야기가 바로 '두렵다고 해서 시도조차 포기하면 안 된다'예요. 윌은 어떤 문제든 척척 잘 풀어내지만 정작 자기 삶의 난제들은 피해 버렸잖아요. 그런 윌 앞에서 스카일라는 문제 푸는 과정을 보여 주는 사람인 거죠. 스카일라도 늘 두렵고 괴롭지만 직접 부딪히고 경험해서 배워야 한다는 걸 윌에게 말해 주고 있었다고 생각해요. 그래서 거절당할 수도 있다는 걸 알면서도 윌에게 캘리포니아에 가자고 용기 내 말한 것이고요. 결국 영화 말미에 윌은 스카일라가 떠난 후, 그녀를 붙잡기 위해 난생처음 보스턴을 떠나 캘리포니아로 찾아가잖아요. 두렵지만 문제를 풀어나가려는 마음가짐이 때로는 우리를 한 발자국 더 나아가게 만드는 게 아닐까요?

14장

진심과 거짓이
오가는
미치도록 섬세한 영화

〈무뢰한〉

Jisun Cinemind

무뢰한

(The Shameless, 2015)

수단과 방법을 가리지 않는 형사 정재곤은 살인을 하고 도망 다니는 박준길을 쫓는다. 재곤은 정체를 숨긴 채 박준길의 애인인 김혜경이 일하고 있는 마카오 단란주점의 영업 부장으로 위장 취업하게 된다. 준길을 잡기 위해 혜경과 함께하는 동안 재곤은 혜경에게 연민과 사랑을 느낀다. 혜경 역시 재곤에게 서서히 마음을 열고 둘은 진심을 터놓지 못한 채 흔들리게 된다.

장르	드라마, 범죄, 멜로
감독	오승욱
각본	오승욱
등장인물	김혜경 역 : 전도연 정재곤 역 : 김남길 박준길 역 : 박성웅

여러분에게도 보면 볼수록 자꾸만 더 보고 싶어지는 영화가 있나요? 〈무뢰한〉이 제겐 그런 작품이었어요. 대체 몇 번이나 봤는지 셀 수 없을 정도로 여러 번 감상했는데요. 생각보다 이 영화를 잘 모르는 분도 많고, 한 번 봤지만 제가 느낀 만큼의 매력은 느끼지 못했다고 말씀하시는 분도 계시더라고요. 〈무뢰한〉의 진가는 거듭해서 볼수록 더 많이 드러난다고 생각해요. 5일 연속으로 이 영화를 본 적도 있는 제가 장담할게요!

먼저 〈무뢰한〉의 줄거리를 간단하게 소개해 드리겠습니다. 영화는 황충남이란 남자의 시신이 발견되면서 시작합니다. 범인은 박준길. 황충남이 그의 애인 김혜경을 협박해 홧김에 살인을 저지른 건데요. 범인을 잡기 위해선 수단과 방법을 가리지 않는 형사, 정재곤이 준길을 쫓기 시작합니다. 준길이 애인인 혜경 앞에 반드시 나타날 거라는 생각에 재곤은 혜경 주위를 맴돌죠. 영화는 이렇게 엮인 인물들 사이에서 벌어지는 일들을 그립니다.

〈무뢰한〉에서 정말 중요한 부분은 사건의 흐름보다 세 사람 사이를 오가는 감정선이에요. 감히 미치도록 섬세한 영화라는 표현을 쓰고 싶은데요. 이 미묘한 감정들이 영화 속에서 어떻게 표현됐는지 함께 확인하면서 이야기 나눠 볼게요!

형사와 범죄자 사이

S#1. 카센터 사무실
준길이 애인 혜경을 찾는 상황을 대비해 혜경 주위에서 재곤이 잠복근무를 하고 있다.

카센터 안으로 과거 형사 선배였던 덕룡이 들어오자 기다리고 있던 재곤이 일어나 인사를 합니다. 재곤은 덕룡이 먼저 앉고 "앉아라"라는 말을 한 후에야 다시 자리에 앉죠. 재곤이 매번 이런 식으로 모든 사람에게 예의를 차리는 건 아닙니다.

영화 전반, 재곤이 범죄자들을 대하는 모습을 보면 우선 반말은 기본입니다. 또한 늘 명령조를 쓰며 아랫사람을 대하듯 구는데요. 재곤은 상대방의 위치가 자신보다 위인지 아래인지에 따라 태도를 달리하는 것이 생활화된 사람이에요. 항상 범죄자를 대하는 형사의 삶에서 이러한 태도는 생존의 문제와 직결되죠. 밟지 않으면 밟힌다는 생각을 재곤 역시 갖고 있는 것으로 보여요. 재곤이 보는 덕룡은 비리를 저지르다 옷을 벗은 '선배'입니다. 자신에게는 여전히 윗사람이라고 생각하기 때문에 공손한 태도를 취해요.

덕룡이 재곤을 부른 데에는 이유가 있었죠. 혜경의 전 스폰서였던 제이인베스트먼트 박종호 이사장의 청탁을 전하기 위해서였는데요. 내용인즉 준길을 검거하는 과정에서 그에게 총상을 입히라는 것입니다. 재곤의 대답과는 상관없이 덕룡은 재곤의 전 부인 이름으로 만든 계좌 번호를 이미 상대방에게 넘겼다고 말합니다. 덕룡이 재곤의 차명 계좌를 알고 있다는 점으로 미루어 재곤이 과거에도 해당 계좌로 뇌물을 받은 적이 있음을 의심할 수 있는 대목이겠죠.

재곤은 박종호 이사장의 제안을 수락하지 않았습니다. 하지만 거절 의사를 명확히 밝히지도 않았어요. "일하다가 범죄자하고 구분할 수 없게 되면 그걸로 형사는 끝이라고 생각합니다"란 말을 했을 뿐이죠. 재곤의 복잡한 내면이 가장 잘 드러나는 대사라고 생각해요. 〈무뢰한〉에서 가장 읽기 어려운 인물이 정재곤이란 캐릭터가 아닐까 싶은데요. 그는 범인을 잡기 위해 수단과 방법을 가리지 않는 형사입니다. 늘 폭력에 노출돼 있죠. 범죄자들이 휘두르는 폭력, 그리고 재곤 스스로가 휘두르는 폭력 모두에요. 범인을 잡기 위함이라는 명목 아래 때로는 범죄자와 같은 행동을 하는 자신을 보는 거죠. 그는 폭력에 길들여진 자신이 어떤 모습으로 변해 버릴지 두려워하는 모습을 보여요. 그렇기 때문에 더더욱 범죄자들 앞에서 자신의 권위를 내세우려고 하는 것 같습니다.

S#2. 차 안
재곤은 전 부인에게 전화를 걸어 후원금이 입금됐는지 확인한다.

후원금이라는 이름의 대가가 들어오긴 했는데 그 액수가 예상 밖이었죠. 겨우 48만 원이 입금됐다는 말에 재곤은 허탈한 웃음을 짓는데요. '형사를 얼마나 우습게 봤으면 겨우 이런 돈을 후원금이랍시고 보냈을까?', '내가 어쩌다 이 지경이 됐을까?'라는 자조가 섞인 웃음은 아닐까요.

재곤은 48만 원이 든 봉투를 들고 어딘가로 향합니다. 스폰을 제안한 제이인베스트먼트 박종호 이사장의 하수인인 민영기를 만나러 가죠. 민영기는 500만 원이 들어갔어야 하는데 직원의 실수로 48만 원만 입금된 거라고 말합니다. 여러분은 어떻게 생각하시나요? 민영기의 말대로 직원의 실수 때문에 일어난 해프닝이라고 보시나요? 해당 장면을 자세히 보면 민영기가 직원 탓을 하는 순간 그 직원이 고개를 홱 돌려 민영기를 쳐다보거든요. 그의 민감한 반응으로 짐작하건대 재곤을 도발하려고 민영기가 장난을 치지 않았을까 싶어요.

이 장면에서 중요한 부분은 이후에 재곤이 한 행동이에요. 그는 48만 원이 든 봉투로 민영기의 코끝을 툭툭 내리치며 "장난치지 마라"라고 경고합니다. 누가 위에 있고 누가 아래에 있는지 똑똑히 알라는 의미죠. 두 사람 사이의 우열을 확실히 하고자 하는 건데요. 그만큼 재곤에게 권위가 중요하다는 것을 알 수 있습니다.

영화 초반에 의아한 장면이 하나 나오죠. 혜경의 집 앞에서 잠복 수사를 하던 재곤은 준길이 혜경을 찾아온 것을 확인하고 혜경의 집에 잠입하는데요. 무방비 상태로 잠들어 있는 준길을 그 자리에서 즉시 검거하지 않습니다. 준길을 깨워 옷을 챙겨 입을 시간까지 쥐가며 베란다 밖으로 유도하죠. 결과적으로는 몸싸움을 벌인 끝에 준길을 놓치고 맙니다.

재곤은 베테랑 형사예요. 범인을 검거하기 위해서는 물불을 가리지 않는 성격의 소유자죠. 그런 사람이 준길을 검거할 수 있는 결정적 기회를 스스로 놓은 이유는 뭘까요? 이 장면에서 재곤이 한 행동을 어떻게 해석해야 할지 정말 고민이 많았거든요. 처음엔 재곤이 자만심 때문에 일을 그르쳤나 싶었어요. 그런데 영화를 여러 번 보니 놓친 게 아니라 일부러 놓아 준 게 아닌가 하는 생각이 들더라고요.

혜경의 집에 숨겨 놓은 도청기를 통해 준길이 혜경을 찾아왔다는 사실을 알아차린 뒤, 두 사람이 잠들기까지 충분한 시간이 있었음에도 불구하고 재곤은 지원 요청을 하지 않았어요. 총알을 모두 장전한 다음 혜경의 집으로 들어갔으니 준길을 총으로 쏘려는 생각이 있었겠죠. 집 안에서 곧바로 준길을 검거했다면 굳이 총을 사용할 필요가 없었을 거예요. 집 밖으로 유인해 총을 쏠 수밖에 없는 상황을 만들려고 하지 않았을까요? 만약 그렇다면 '박준길에게 총상을 입혀 달라'라는 박종호 이사장의 제안을 받아들였다고 해석할 수 있어요.

결국 준길을 놓쳐 버린 재곤은 민영기를 통해 준길의 과거를 캐기 시작합니다. 그 결과 준길이 교도소에 있던 시절 그의 동기였던 이영준이란 인물을 알게 되죠. 재곤은 영준 행세를 하며 혜경이 일하는 '마카오 단란주점'의 영업 부장으로 위장 취업합니다.

가면을 쓴 얼굴

> S#3. 마카오 단란주점
> 어둠 속에서 혜경이 모습을 드러낸다. 재곤은 '이영준'이라
> 는 이름으로 자신을 소개한다.

이 장면은 영화가 시작한 지 약 40여 분이 지난 시점에 나와
요. 마침내 혜경과 재곤이 첫 대화를 나누는 장면이죠. 둘은 처
음 만난 사이인데 재곤은 혜경에게 다짜고짜 반말을 합니다.
사회생활을 하다 보면 참 다양한 사람을 만나게 되죠. 여러분
도 재곤처럼 초면에 너무나 자연스럽게 반말을 하는 사람을 한
번쯤은 만나 보셨을 거 같아요. 그런 사람은 대부분 누구보다
존댓말을 잘 사용할 줄 아는 사람이에요. 예의를 차릴 필요가
있는 자리에선 말이죠. 재곤은 상대에 따라 태도를 달리하는
사람입니다. 유흥업소에서 일하는 혜경을 우습게 보았기에 선
택적으로 반말을 사용한 것이죠.

혜경에겐 처음 겪는 일이 아닐 거예요. 당연하다는 듯 자신
을 함부로 대하는 사람들을 수도 없이 만나왔겠죠. 그래서 혜
경과 같은 일을 하는 사람들 사이에서는 서로에게 반말하지 않
는다는 것이 암묵적인 규칙이에요. 반말을 해도 된다고 판단한

사람은 재곤이겠지만 현재 그는 이영준으로 분한 상태죠. 영준은 혜경에게 자신이 과거에 일했던 업소들을 얘기했어요. 즉, 혜경에게 자신이 동종 업계 종사자라고 소개했죠. 그런데도 반말을 했으니 이 바닥 생리와 위계에 대해 전혀 알지 못하는 모습을 그대로 드러낸 것이나 다름없어요.

혜경은 아니나 다를까 재곤이 거짓말을 했다는 사실을 즉시 간파합니다. 무수히 많은 거짓말에 노출된 채로 살아온 혜경은 누군가의 말을 들으면 거짓인지 아닌지부터 가려야 했죠. 덕분에 재곤의 거짓말을 바로 알아차린 게 아닌가 싶어요. 혜경이 거쳐온 고된 삶을 엿볼 수 있는 대목이죠. 영준은 첫 만남에 무례한 태도로 거짓말을 늘어놓았지만 혜경은 그를 존대로 대하며 예의를 지킵니다. 나락에 떨어진 상황에서도 스스로의 고결함을 지키고자 노력하는 게 '김혜경'이란 인물이죠.

이 장면에서 제가 가장 좋아하는 부분은 재곤을 만나러 온 혜경이 처음으로 모습을 드러내는 순간인데요. 어둠 속에서 걸어 나오는 혜경은 얼굴에 빛이 닿는 순간 표정을 싹 바꿉니다. 저는 그때 혜경이 단란 주점의 마담 '김혜선'이란 가면을 썼다고 봤어요. '김혜선'의 모습은 우리가 '유흥업에 종사하는 사람'이라는 말을 듣고 떠올리는 이미지에 가까운 거 같아요. 영화 속에는 혜경이 아침 시장에서 장을 보는 모습이 나오기도 하는

데, 그때의 혜경을 보고 유흥업소 종사자라는 직업을 떠올리기는 쉽지 않습니다. 쓰고 있는 가면이 그 사람의 전부를 드러내지는 않겠죠. 가면을 벗고 다른 사람과 다를 바 없이 평범하게 장을 보며 하루하루를 살아가는 사람이야말로 진짜 혜경이 아닐까요. 누군가를 그 사람 자체가 아닌 그 사람이 하는 일로 잘못 판단하지는 않았는지 생각해 볼 필요가 있을 것 같아요.

이영준으로 분한 재곤과 혜경 사이에 미묘한 기류가 형성되는 사이 잠적한 준길의 소식이 전해집니다. 최근 도박으로 5천만 원을 날렸다는 건데요. 재곤은 이 소식을 혜경에게 알리고, 이영준이 도박으로 5천만 원을 땄다는 거짓 소문을 퍼뜨립니다.

"나 김혜선이야!"

> S#4. 사무실
> 영준과 함께 과거 외상값을 받으러 온 혜경. 쉽게 외상값을 주지 않으려는 사장에게 혜경이 다가간다.

나 김혜선이야. 나 김혜선이라고!

외상값을 주지 않으려는 사장에게 혜경이 가까이 다가가서

한 말은 자신의 이름을 알려 주는 것이었죠. 몇 번을 봐도 소름이 돋는 장면이에요. 살면서 내 이름을 스스로 부르며 내가 누군지를 반복해서 말할 일이 과연 있을까요? '나는 너 따위가 감히 무시할 사람이 아니다'라는 혜경의 기백과 그가 짊어진 삶의 무게를 동시에 느낄 수 있는 대사라고 생각했는데요.

혜경은 외상값을 받으러 가기 전, 폼을 내기 위한 혜경 나름의 의식을 치릅니다. 머리부터 발끝까지 치장하고 빌린 명품으로 자존심을 세우죠. 혜경의 실제 모습과 다른 사람 눈에 폼이 난다고 비춰지는 모습 사이에 괴리가 있다는 것을 알 수 있는 장면이죠. 그래서 더욱더 "나 김혜선이야"란 한마디 안에 고뇌, 결의, 의지와 함께 처연함, 슬픔 등 복합적인 마음이 담겨 있음이 잘 느껴진 것 같아요.

혜경의 진가는 외상값을 받아내는 전쟁을 치르고 난 후에 더욱 반짝이며 드러나요. 강의 윤슬을 바라보는 혜경에게 재곤이 담배 한 대를 건네면서 빚지기 전엔 뭘 했냐고 묻죠. 재곤이 혜경에게 관심을 갖기 시작했음이 드러나는 대사가 아닐까요? 혜경의 과거가 궁금해졌다는 뜻이니까요. 김혜선이란 가면 뒤의 혜경을 보면서 재곤은 동질감과 비슷한 감정을 느꼈을 거예요. 재곤 역시 이영준이란 가면을 쓴 상태이기 때문이죠. 자신처럼 복잡한 혜경의 내면을 지켜보는 사이에 마음이 조금씩 흔들리지 않았을까요.

사랑하지만, 사랑하기 때문에

S#5. 경찰서 앞 골목
도박으로 돈을 날린 준길이 혜경을 찾아온다. 준길은 미안하
다며 상해 도피 자금 3천만 원을 준비해 달라고 한다.

혜경은 준길이 말한 3천만 원을 마련해 보겠다고 합니다. 그
리고 상해로 함께 도망가자는 말이 진짜인지 묻는데요. 준길
은 자신을 못 믿냐며 오히려 화를 냅니다. 박준길은 대체 어떤
사람일까요? 홧김에 우발적 살인을 저질렀죠. 충동적이면서
도 폭력성이 다분한 성격임을 엿볼 수 있습니다. 또한 도피 중
인 신세이면서 도박을 못 끊고 있어요. 자극을 쫓으며 사는 사
람이죠. 혜경에게 기생해서 생활하고 있는데, 혜경이 마카오
단란주점에서 일하는 이유는 준길이 혜경을 팔아넘겼기 때문
이거든요. 그럼에도 불구하고 일말의 죄책감도 갖고 있지 않아
요. 전형적인 범죄자의 특성을 모두 갖춘 것으로 보이죠.

상해로 함께 도피하자는 준길의 말을 혜경은 정말로 믿고 있
을까요? 영준의 거짓말을 단번에 간파한 사람이 말이에요. 준

길이 돈을 구해 달라고 하자 혜경은 고개를 한번 떨굽니다. "마련해 볼게"라는 대답 속에 자포자기한 심정이 섞여 있진 않았을까요. 혜경은 어느 정도 죄책감을 갖고 있는 것으로 보이기도 해요. 준길이 황충남을 살해한 사건에는 자신도 연루돼 있죠. 혜경이 황충남에게 공갈 협박을 당하자 화가 난 준길이 황충남을 찾아갔다가 살인을 저질렀고 도피자 신세가 된 것이니까요. 무엇보다 혜경은 사랑에 굶주린 사람이에요. 혜경이 준길의 거짓말을 참고 받아 주는 가장 큰 이유는 그저 사랑하기 때문이 아닐까요. 혜경의 고된 삶에서 찾아온 '사랑'의 존재를 놓치기가 쉽지 않았겠죠.

그렇다면 준길의 마음은 어떨까요? 저는 준길이 혜경에게 품은 마음까지 거짓이라고 생각하진 않아요. 혜경을 사랑하지만 자신의 목적을 위해 사랑하는 사람을 희생시키는 데 거리낌이 없을 뿐이죠. 준길에게 가장 중요한 가치는 사랑이 아닌 자기 자신이기 때문이에요.

준길은 다시 떠나고 혜경은 준길과 재곤 사이에서 흔들립니다. 어느 날 일을 마치고 돌아온 혜경은 집 앞에서 자신을 기다리던 재곤과 마주하는데요. 술 한잔하겠냐는 혜경의 제안에 집으로 들어간 두 사람은 하룻밤을 함께 보냅니다.

온 우주가 열렸다 닫힌 순간

S#6. 혜경의 집
재곤이 잠든 사이 아침밥을 준비한 혜경. 정성스레 요리한
잡채가 차려진 밥상 앞에 두 사람이 마주 앉는다.

- 준길이 돈 줘서 보내 버리고 나랑 같이 살면 안 될까?
- 진심이야?
- 그걸 믿냐?

〈무뢰한〉에서 가장 좋아하는 꼽으라면 저는 이 잡채 신을 선
택하겠습니다. 이 장면에서 찰나에 열렸다 닫히는 혜경의 우주
를 여러분도 보셨나요? 그 우주를 열어 준 사람도 재곤이고 닫
아 버린 사람도 재곤이죠. 재곤이 "나랑 같이 살면 안 될까?"라
고 말한 직후 혜경의 눈동자는 파르르 떨립니다. 조심스레 진
심이냐고 묻는 혜경에게 재곤은 그걸 믿냐면서 얼버무리죠. 순
간 혜경은 고개를 푹 떨구고 애꿎은 잡채를 입안에 욱여넣으며
실망감을 감춥니다. 온 우주가 열렸다가 닫히는 순간이 저 표
정 속에 드러났다고 생각했는데요.

재곤이 혜경에게 괜한 기대를 주었다가 금세 거둬 버린 이유

는 뭘까요? 저는 재곤이 진심을 말했기 때문이라고 생각해요. 사랑하는 마음이 너무 커서 사랑한단 말이 목 끝까지 차오르는 기분을 여러분도 느껴 보셨을 거예요. 재곤도 그런 마음에 무심코 진심을 툭 뱉어 버린 것 같았어요. 하지만 지금 혜경과 마주한 사람은 재곤이 아닌 영준이죠. 재곤으로선 책임질 수 없는 말이었어요. 그래서 황급히 발을 뺄 수밖에 없었던 게 아닐까요.

결국 혜경은 재곤이 마련한 3천만 원을 들고 준길에게 갑니다. 이를 지켜보던 경찰이 준길과 혜경을 급습하죠. 차에서 내린 준길은 재곤이 쏜 총에 맞아 즉사하고, 혜경은 비로소 재곤이 경찰이라는 사실을 알아챕니다. 이후 혜경은 마약범의 수발을 들면서 살게 되는데요. 마약범 검거를 핑계로 재곤이 혜경을 다시 찾아가면서 두 사람은 재회합니다.

내 이름은 정재곤입니다. …… 잘 들어. 난 형사고 넌 범죄자 애인이야. 난 내 일을 한 거지, 널 배신한 게 아니야.

영화 속에서 혜경은 한 번도 재곤을 '재곤'이라고 부른 적이 없죠. 당연한 일이에요. 혜경은 재곤이 누군지 알지 못합니다. 지금까지 혜경이 알아왔고, 또 흔들렸던 사람은 이영준이니까요. 재곤이 자신의 정체를 밝혔을 때 혜경이 느낀 배신감은 어느 정도였을까요? 성경 시편에 이런 구절이 있습니다. '나를 비난하는 자가 내 원수였다면 차라리 내가 견디기 쉬웠을 것을.' 적이었다면 피하기라도 했으련만, 오히려 내가 믿고 사랑하는 사람이었기에 배신감이 그만큼 컸던 것이죠. 재곤이 자신의 본명을 밝힌 순간 혜경이 느꼈을 마음 아닐까요.

이어서 재곤은 "난 형사고 넌 범죄자 애인이야. 난 내 일을 한 거지, 널 배신한 게 아니야"라고 말합니다. 어디에 중점을 두느냐에 따라 전혀 다른 의미로 받아들여지는 대사예요. 앞 문장인 '난 형사고 넌 범죄자의 애인이야'에 집중하면 재곤이 혜경과의 사이에 선을 그었다고 해석할 수 있죠. 하지만 제가 주목하는 문장은 '난 내 일을 한 거지, 널 배신한 게 아니야'라는 뒷말이에요. 재곤이 가장 하고 싶었던 말은 '너를 배신한 게 아니다', '너를 아프게 하려는 의도가 아니었다. 내 일을 해야만 했을 뿐이다'가 아니었을까요? 그 행동만으로 나의 진심을 의심하진 말아 달라는 사랑 고백으로 들리기도 했어요. 〈무뢰한〉은 거짓으로 시작된 관계에서 과연 진심이 어디까지 힘을 가질 수 있는지를 고민하게 만드는 영화입니다.

여러분은 〈무뢰한〉의 장르가 뭐라고 생각하시나요? 〈지선 씨네마인드〉를 진행하면서 이 영화를 연출한 오승욱 감독님을 만나 뵐 기회가 있었는데요. 감독님이 장르에 대해 이런 말씀을 하신 적이 있어요. '〈무뢰한〉은 그냥 사람 사는 이야기'라고요.

그 말에 무척 공감이 갔습니다. 전 이 영화를 보면서 검은 안개 속을 걷는 듯한 느낌을 받았어요. 인물의 마음이나 생각이 쉽게 드러나지 않죠. 캐릭터들이 가진 복합성 덕분에 이 영화를 수없이 반복해서 볼 수 있었던 것 같아요. 그게 바로 '사람'이란 존재 아닐까요.

〈지선씨네마인드〉를 통해 다양한 영화 속 수많은 캐릭터를 함께 봤는데요. 한 인물을 처음 봤을 때 들었던 생각은 또다시 봤을 때 바뀌기도 하죠. 영화 속 캐릭터가 복합적인 존재로 표현되기 때문일 거예요.

하물며 우리가 살아가면서 실제로 만나는 사람들은 얼마나 복잡하고 다양한 면모를 가지고 있는지에 대해서 생각해 볼 수 있어요. '안다'는 전제하에 쉽게 단정하고 단편적으로 판단하는 대신 사람이 얼마나 입체적 존재인지를 생각해 보면 좋을

것 같아요. 그렇게 된다면 우리 모두가 함께 살아가기에 더 나
은 세상이 될 수 있지 않을까요.

수록 영화 제작사/배급사/수입사 목록

- 〈**추격자**〉 영화사 비단길
- 〈**밀양**〉 〈**화차**〉 〈**타짜**〉 CJ E&M
- 〈**양들의 침묵**〉 오리온 픽쳐스
- 〈**위플래쉬**〉 워터홀 컴퍼니
- 〈**올드보이**〉 에그필름
- 〈**실버라이닝 플레이북**〉 누리픽쳐스
- 〈**신세계**〉 NEW
- 〈**버닝**〉 파인하우스필름
- 〈**살인자의 기억법**〉 쇼박스
- 〈**굿 윌 헌팅**〉 미라맥스
- 〈**무뢰한**〉 CGV아트하우스

지선씨네마인드

초판 1쇄 인쇄 2022년 12월 7일
초판 1쇄 발행 2022년 12월 14일

지은이 박지선, 황별이, 최윤화
펴낸이 이승현

출판1 본부장 한수미
와이즈 팀장 장보라
디자인 this-cover.com

펴낸곳 ㈜위즈덤하우스 **출판등록** 2000년 5월 23일 제13-1071호
주소 서울특별시 마포구 양화로 19 합정오피스빌딩 17층
전화 02) 2179-5600 **홈페이지** www.wisdomhouse.co.kr

ⓒ SBS, 박지선, 황별이, 최윤화, 2022

ISBN 979-11-6812-556-8 (03680)

· 이 책의 전부 또는 일부 내용을 재사용하려면 반드시 사전에 저작권자와
㈜위즈덤하우스의 동의를 받아야 합니다.
· 인쇄·제작 및 유통상의 파본 도서는 구입하신 서점에서 바꿔드립니다.
· 책값은 뒤표지에 있습니다.